가을 나그네

가을 나그네

정용규 시집

月刊文學 출판부

| 시인의 말 |

저는 아주 늦깍이로 시문을 두들겨, 많은 분들의 도움으로 첫 번째 시집 『촛불(2018)』과 두 번째 시집 『구름문답(2019)』을 출간한 바 있습니다. 그 후 시 럼, 시럼 써둔 시가 약 30편에 이르게 되었습니다. 가까운 친구들이 하나 둘 하늘나라로 떠나고들 있어 저도 언제부름을 받을지 몰라 매사에 자꾸만 조급증이 생기던 중 슬하에 둔 삼남매(아들2, 딸1)가 어버이날을 앞두고 집에 왔다가 컴퓨터에 내장되어 있는 원고들을 보고선 책을 내겠다고 졸랐습니다. 자식들이 내 마음을 헤아려 주는 게 퍽 고맙기도 해서 그러기로 하였습니다. 그래서 두 번째 시집에 새로 쓴 30여 수를 추가로 포함해서 세 번째 시집 『가을나그네』를 내놓게 되었습니다.

이 시집에는 115편의 시를 6부로 나누어 담았습니다. 제1부에는 자유자재를 구가하는 시들을 모았습니다. 저는 불교 가정에서 태어났지만 사회생활에서는 종교를 잊고 살다가 모든 사회활동을 접으면서 다시 불교에 귀의하여 참선수행을 계속하고 있습니다. 그러다 보니 자유자재를 구가하게 되고 그런 마음을 시어로 표현도 해보곤 했습니다.

제2부에는 풍자, 소망을 희구하는 시들을 모았습니다. 저는 6·25전쟁 민족상잔의 비극을 최고 격전지였던 진주 근교에서 치렀습니다. 그 후 저의 가슴에는 이 나라에 또다시 이런 전란이 일어나게 해서는 결코 안 되겠다는 확고한 신념이 뿌리를 내리게 되었습니다. 한편 저의 좁은 소견으로도 지금 우리나라는 새로운 호운을 맞고 있다는 생각을 갖게 됩니다. 정치인들은 물론 우리 모두 단합하고 지혜를 한데 모아 이 호기를 슬기롭게 붙들어야 하지 않겠습니까! 특히 오늘을 사는 우리 젊은 청소년들에게 한국적 사상·문화에 기초한 남북한 평화통일의 성취로 동방의 횃불 되어 그 광명을 전 세계 온 누리로 뻗혀나가게 하는 꿈을 심어주고자 그런 욕구도 희구하는 시들을 써 보았습니다.

제3부에는 자연, 서정을 구가하는 시들을 모았으며, 제4부에는 기타 생활주변에서 일어나는 소소한 일들이나 인물들에 관한 시들을 모았습니다.

제5부와 제6부에는 최근 작품들을 나누어 실었습니다.

철부지 제가 시집을 내는 데는 많은 분들의 지극한 도움들이 있었습니다.

우선 이 자리를 빌어서 사단법인 한국문인협회 정성수 부이시장님께 그 바쁘신 중에도 시간을 내셔서 쾌히 감수와 좋은 논평을 써주신데 대하여 충심으로 감사드립니다. 마침 이 자리를 빌어서 하계문경새재시인학교를 통하여 저를 시문으로 인도해주신 제일 첫 번째로 감사드려야 할 권갑하 부이사장님, 그리고 그간 노고를 아끼지 않으신 월간문학 출판부 여러 분들께도 깊이 감사드립니다.

또한 앞서 두 번에 걸친 발간집들에서도 밝혔던 바와 같이 많은 도움을 주셨던 분들, 즉 국제PEN한국본부 손해일 전 이사장님을 비롯하여 시문학사 선생님들, 그리고 관악문학아카데미 박수진 교수님과 여러 문우님들, 좋은문학 창작예술인협회 조복수 회장님, 이월성 부회장님을 비롯한 여러 회원님들, 농협동인 문우회 최해욱 전 회장님과 김영철 회장님을 비롯한 여러 문우님들, 그 외에 도움주신 많은 분들께도 심심한 감사를 드립니다.

끝으로 여러 선배님들과 독자님들의 아낌없는 질책과 지도편달을 기다리겠습니다.

2022년 8월

정용규

차례

제2부 어떤 웃음

제3부 개별꽃

제4부 아내의 손

제5부 가을 나그네

제6부 비눗방울

| 작품해설 |

제1부

길 위에서

여기가 바로 열반(涅槃)

산과 내도 늘 변하고
풀도 나무도 무상(無常)인데

그 속에서 살아가는 어리석은 우리들
무얼 잡겠다고 이 고생들인고

살그머니 나를 버리는 그 순간
여기가 바로 열반인 것을

낮과 밤도 주야로 쉼 없이 바뀌고
해와 달도 세월 만들어 무시로 흘러가는데

그 속에서 살아가는 어리석은 사람들
천만년 살겠다고 저 고생들인고

살며시 나를 내려놓는 그 찰나
여기가 바로 열반인 것을.

자비심과 정

아아! 자비심 일체종지의 뿌리
과연 본성일까 정일까

선생님 한분 정(情)이라 했다
정 없는 수도(修道) 책(責)도 했다

그런가 하다가도 암만 아닌 듯
수도가 견성이라면 더더욱 아니다

정(情)—동적이고 온기가 느껴질 터
본성(本性)—적연(寂然)한 광채 아니더냐

명상에 탐닉한 나의 한 친구
반가부좌로 면벽한 채 견성 구하노라면
정은 늘 찾아와 훼방꾼 된대요

그렇다 아니 아니다
언젠가 기회 오면 선생님께 한번 다시 여쭈어봐야겠다

* 고은 시인의 「순간의 꽃」을 보면서.

길 위에서

아차, 어디메뇨 여기가
행선지도 모른 채 올랐던 길
산 넘고 강 건너 이리 돌고 저리 돌며
어언 80년 세월 흘러 여기 이르렀네

지나온 길 되돌아보니
희미하게 사라져가는 발자국만 몇 개
앞길 내다보니 깜깜한 오리무중
누구를 탓하랴 이게 다 내 업(業)인 것을

이제 후회나 미련, 욕심 같은 거야 없다만
오직 원(願) 하나 세워 빈다면
일편단심 선(禪) 수행 정진하는 거지
혹여 부처님 가피 입어 해탈길도 열리려나

폭포정(瀑布井)

목마른 등산객 이 물 한 모금
천태산 감로수가 어디 따로 있으랴

주변 산천경개 한결 더 아름답고
스쳐가는 바람결도 더욱 시원하구나

구석진 자리에 고요히 정좌하여
찾는 이 누구나 분별 않고

흔쾌히 원하는 전량을 보시(布施)하오니
그 모습 참 아름답고 거룩도 하여라

밤 눈

내 얼굴이 술 취해
먹구름 내린 밤
고요한 밤 눈 내린다
무위사* 가는 길 조용조용
낮은 데 메우고 추한 곳 덮으면서
자유의 몸 나비처럼 훨훨 날아
사뿐사뿐 가볍게 내린다

깊은 밤 눈 내린다
아침에 돋는 해님 놀래킬 양
황홀한 설경 지으며 내리고 내린다
요란하던 온누리도 포근한 솜이불 덮고
도원의 꿈속으로 빠져든다

* 무위사(無爲寺): 도교에서의 이상향.

풍경 소리

날 저문 심산유곡
적멸의 한 산사
세파에 찌들은 한 나그네
잠자리에 누워
곤히 미몽 속을 헤매는데
어디선가 바람결에 실려 와
마음 깊은 곳으로 스며드는
은은하고 가냘픈 그 한 소리

저 아련한 음률 속에
평정과 안식이 깃들어 있고
검은 장막에 가려진
신비까지도 들려주는데
살며시 스며드는 바람결에
한결 머리조차 맑아지는구나

그래 오늘밤은
새날이 밝아오기 전까지
불전에 고요히 엎드려

아상 내려놓고
오랜만에 참 나를 찾으면서
이 밤을 지새워 볼까나

나비의 꿈

추억의 바람을
유혹하는
아늑한 봄 여정

한 소금 잠이 쏟아지는
따뜻한 봄
윤기 흐른 파랑옷을 입었다

새들이 하늘을 반죽하여
파랗게 만들어
보는 이마다 푸짐히 나누어준다

봄기운 무르익는 4월 어느 날
형형색색 꽃들의 영접 받으며
꼬불꼬불 강변길 따라 걷다가

흘러가는 촌각 너무나 아쉬워
그늘진 의자에 앉아 이마 땀 닦는데

어디서 왔는지 호랑나비 한 마리
땀에 젖은 모자에 살짝 내려앉는다

아차! 들켰나 보군 내 너를 닮고자 하는
마음 한켠 그렇지 않고서야

내 이 몸 나비 되어 훨훨 날아 청산도 가고
도화꽃 향기 좇아 도원도 찾고져라

감나무 짧은 그림자에 물든
반짝이는 햇살이
지난 추억을 엮어낸다

내가 나비였다면

봄이 오면 나는 나비가 된다

밤하늘에 씨를 뿌려 핀 꽃이
나비다

하늘이 타는 자리에
따라 솟아 피는 뜻

노랑나비 흰나비 호랑나비며
각양각색 비단무늬 나비들까지

화려한 그 날개에 홀려서만도 아니고

복수초꽃 바람꽃 진달래며 개나리
산수유 목련화 앵두꽃 벚꽃까지

온갖 꽃들의 유혹 환대 부러워서만도 아니다

내 나비 되어 훨훨 날아 청산도 가고

도화향기 좇아 저멀리 도원도 찾아가고파

아, 나는 몹시도 나비를 닮고 싶다

뭉게구름

하늘나라 오늘 큰 경사 났나 보네
화사한 꽃가마 한 필 둥실 두둥실

오가는 길손맞아 손짓하는
뭉게구름
봄의 요정 말없이 오가네

저 안에 누가 타고 있을까
아마도 하느님께서 저기 계시겠지

엊그제 폭풍우 거칠게 스쳐간 뒤라
상처 입은 선량들 위무해 주시려고
길일 잡아 세상나들이 채비 서두는 중이실 거야

초롱꽃

부처님 오신날
봉축연등 환히 밝혔던 자리

빈 자리가 허전했나
새하얀 초롱등이 줄지어 걸렸네요

무심코 지나는 길손들이여
마음 문 활짝 열고 듬뿍 담아가소서

부처님 은총으로 충만된
필시 성스러운 등일 게요

나의 고향

고향이란 옛날 살아 본 곳을 말하는가
아니지 연고(故), 사랑 가득 찬 곳이리라

할머니 사랑
어머니 사랑
소먹이 하던 산과 들녘 사랑
멱감고 소라 줍던 시냇물 사랑
사랑과 연민의 추억들이 주렁주렁 매달린 곳

반음만 가득 흐르고
싸늘히 밀려나는
눈의 손놀림

까치는 고향으로 뻗은 가지 위에 둥지를 틀고
제비들도 강남 쪽을 향해서만 집을 지으며
연어들은 다 자라면 고향 하천으로 회귀하고
잉어 떼들도 산란기면 어김없이 고향 강물을 찾는데

어쩌다 고향 등지고 타향살이 어언 70년

아아! 그리워라 정들었던 그때 그 얼굴들
석양 길 다하기 전 다시 찾아 살 수 있으려나

구름문답

찌는 듯 무더운 어느 날 오후
산에 올라 평평한 바위에 누워
나뭇가지들 사이로 하늘을 쳐다본다

한 묶음 아름다운 뭉게구름이 핀다

까치발 딛고 설
은밀한 약속은 없는지
파아란 희망과 같이 갈 아무도 없는지

구름아 너는 어디서 왔느냐 물으니
천만리 밖 저 먼 바다에서 왔단다
그럼 어디로 가려고 하느냐 물으니
이리저리 돌다가 도로 바다로 간단다

아차! 잠시 깜빡 졸았나 보다
온 하늘이 금새 먹구름으로 덮였다

뭉게구름아 너는 지금 어디에 있느냐

여기서 그대로 먹구름으로 변했단다

너는 왜 한 순간도 가만 있질 못하냐
구름 아닌 세상만물들도 다 그렇단다

그렇군, 너는 다만 그 변화를 실감나게 연출했을 뿐
그 어느 것도 변하지 않는 게
이 세상에 어디 있으랴!

눈에 비치는 모든 것들은 환상일 뿐,
참상은 아닌 것이지
우리 모두 그것을 모른 채
살아가고 있을 뿐이지

사랑이란 무엇일까

삶은 늘 어둡고 긴 터널 같아도
행복은 늘 가까이 있다는 것을

이른 봄 정원에 펼쳐지는 포근한 햇살
아픈 배 어루만지던 어머님의 손길
그대에게 바치고픈 나의 모든 것들

누구나 타고난 본성이지만
부질없는 탐. 진. 치에 빠지고
초라한 삶으로 쪽박 차면서
잃어버린 사랑 그리워 눈물짓고나

아아! 영원한 행복의 통로여
아니 영원한 행복의 원천이여
그대 이름 두 글자 사랑이 아니던가

면화 밭뚝에서 수줍어했던 그 소녀
지금 어느 하늘 아래서 뭘하고 있는지

라일락꽃

오월의 여신 소담스러운 꽃
사월 중순 벌써 활짝 피었네

어릴 적 어버이날
한 송이 꺾어다
어머님 옷고름에 꽂아드리던 꽃

환하게 웃으시던 어머님 얼굴
쳐다보면서 눈맞추곤 했었죠

짧은 하루 익혀가며
무릎 쪼그리고 앉아
뚫어진 내 양말에 바늘 꼽던 어머니

어머님 가신 지도 오래건만
매년 이맘 때 어김없이 활짝 피어
웃음 띤 환한 얼굴 떠올려주는 꽃

아아, 그 향기도 짙어라
아련한 사랑의 화신이여!

소(沼) 위에 떠 있는 한 송이 동백꽃

봄이 오는 남쪽나라 다산초당 가는 길목
경치 좋은 한 계곡 얼음 녹은 개울물 졸졸
쉬이 감이 아쉬워 작은 소 하나 이루어 머물고나

나뭇잎 한 잎 두 잎 달고
저녁노을 실어
보금자리 찾아든 산그림자

수정보다 더 맑은 물 위 수려한 산그림자
파란 하늘과 하얀 구름, 수풀 그림자들 배경삼아
떠 있는 한 송이 동백꽃 유심히도 눈길 끈다네

초등학교 5학년 시절 단짝
늘그막에 마주앉아 차담 나누다가
그대 나지막이 속삭여줬지
사랑이란 말 차마 낯간지러워 입에 못 담고
해마다 봄 되면 잔잔한 마음의 호수 위에
안개처럼 피어오르는 뭇상념들 아랑곳 않고
그리운 사람 향해 빨간 꽃 한 송이 늘 항상 띄워놓고

기다리며 살았노라고

아차, 하는 순간 그대 벌써 하늘나라 여행 떠난 지 삼년
저 높은 하늘나라에서도 옛 그리움 버리지 못하고
그대로 간직한 채 그 말들 지키며 사나 보네

* 2018년 3월초 김미령 부회장이 다산초당 가는 길에서 띄워준
카톡 사진을 보면서.

하늘로부터 온 편지

어제 오후 해 질 무렵
양천공원 둘레길을 걷다가
하늘로부터 엽서 한 장 받았습니다

주변은 온통 반팔 차림들인데
가을이 성큼 코앞에 다가와 있답니다
흰눈도 곧 펑펑 내릴 거랍니다

단풍도 아름답고 설경도 좋으련만
왠지 가슴 한구석이
쓸쓸해져만 갔습니다

방황

바라보니 산천초목
온통 붉게 물들고
귀 기울이니
개천에선 물소리만 졸졸

이보다 더 좋은 계절 어디 있으랴

이렇게 올 가을도 그저 저물어가는데
할 일은 많고 시간도 없는데

어이하여 내 마음은
허공에 뜬 채
갈피를 못 잡고
부질없이 떠돌고만 있는가

무쇠골에서

여기가 어디인가
도원이 가깝던가
코끝이 찡해 온다

청산은 묵묵부답
창공도 유구무언

그래도 나는 나는야
삶에 대한 짐 모두
훌쩍 다 벗어 버리고

바람처럼 뜬구름처럼
흐르고 흘러 자유 찾아
저 멀리 도원으로 가고파라

시간

짹각 짹각 짹각
바람이 흘러간다
구름이 흘러간다
강물도 흘러간다

짹각 짹각 짹각
낮도 흘러간다
밤도 흘러간다
세월이 흘러간다

한순간이 영원과 통한다

제2부

어떤 웃음

말, 말, 말

말, 말은 원래가 소통의 수단
소통은 어디 가고 빈 말들만 이리 요란한가
게다가 망어 기어 양설 악구들로만 판을 치네

정치란 원래 국태민안이 본(本)이련만
요즘처럼 국운이 누란의 위기인데
정객들은 어이하여 내로남불로만
다투며 밤낮을 지새우는가

오늘 따라 자꾸 자꾸만
구화무쟁(口和無諍)을 설법하셨던
청우(聽雨)스님 새삼 부쩍 그리워지네

2018 새 봄

새 봄님 오신다

설레는 가슴으로
모습 숨긴 채 살그머니 찾아오신다

희망 없이는 나눌 수 없는 봄
나누어 채울 수 있는 여유

초록의 안부는 새 생명 달고
해독할 수 없는
아지랑이 빛깔로 손짓한다
복수초 홍매꽃 징검다리 삼아
성큼성큼 걸어서 저기 오신다

진달래 개나리꽃 융단 위로
사뿐사뿐 걸어서 벌써 여기 오셨다

아아! 그토록 그리던 새 봄님이시여
여기가 바로 2018 첫 성화 올려

임 반겨 맞은 복사꽃 화사했던
거역할 수 없는 몸짓
그 때 그 누리랍니다

부디 근심 걱정 조급함 다 내려놓고
봄날의 온갖 향연 마음껏 펼치소서

가슴 속 응혈
남북 간 해빙시켜
평화통일로 연결 인도하는 일
이 한 가지만은
반드시 이루고 가시옵소서

문경새재에서 · 1

백두대간 힘차게 뻗어내려
중간쯤 큰 매듭하나 지었나니
이름하여 문경새재라네

구름도 쉬어가고 새들도 넘기 힘든
높고 험준한 고개 주흘산 정상엔
영기(靈氣) 서렸고
그 발치는 천하제일 절경일세

백두대간 남하 계속해 지리산에 맞닿았고
이를 척추삼아 수려한 13정맥 뻗어
맥간 골짝 골짝 청정수 넘쳐흘러
굽이굽이 용솟음치며 옥색 비단결 강들
오곡백과 가득 찬 기름진 들녘 일구어 놓았다네

아아! 아름다워라 이를 어찌 다 말로 표현하랴
이 나라 삼천리 금수강산 우리들의 영원한 보금자리

허나 어쩌랴 이 강토를 둘러 싼

저 새까만 전운의 먹구름
가공스런 핵전 그림자
이 강산 궤멸할 민족 말살의 저 두려움

장엄한 적멸의 도량 혜국사에 올라
불전에 엎드려 간절히 서원(誓願) 드리노니
안보에서는 제발 국론 통일케 하고,
남북한 지도자들 하루빨리 손 맞잡고
서로 껴안는 화해로 온겨레 우렁찬 함성 짓고
그 열기로 저기 저 강산 위
불길한 먹구름 말끔히 지운 후
따사로운 햇살이 대지를 포근히 포근히 감싸게 도와주소서

우리 모두의 소원인 남북한 평화통일 하루빨리 이루고
우리 후손들 세세손손 천년만년 대대로 이어가면서
이 강산 세계 으뜸의 영광된 낙원으로 가꿔가게 하소서

* 2017년 8월 중순 일촉즉발의 위기감을 느끼면서 문경새재에서
기도하는 심정으로 씀.

문경새재 아리랑

"아리랑 아리랑 아라리요
아리랑 고개로 넘어 간다
문경새재 물박달나무 홍두깨 방망이로 다 나간다"
문경새재 아리랑 가락마다
서민들의 슬픈 사연 곡절마다
그들의 아픈 마음 차고 넘치는 구슬픈 우리 민요

강물도 밤에는 잠잔다는 것을
한밤중에 보면 안다

일제 조선침략 강점 노골화 했던 시절
나라 통째 집어삼켰던 일인들의 탐욕
그들 앞잡이 썩어빠진 관료들의 수탈
이를 호기삼아 함께 놀아났던 양반들의 횡포

전국 방방곡곡 엄동설한 냉기로 가득했던 감영(監營)
어디 하나 호소할 데도 의지할 곳도 없었던 민초들의 한
산수 으뜸 영지(靈地) 문경새재 언저리에서
먼저 가락으로 터져

이게 효시 되어 정선, 진도, 밀양 등
전국 각지로
잘도 퍼져나갔구나
아아! 오늘따라
헐버트* 선생 나운규 선생 생각
부쩍 새로워진다
잊을 수 없는
문경새재 아리랑

* 미국인 헐버트(Homer Bezaleel Hulburt, 1863~1949) : 한국의 국권 회복에 힘쓴 인물로, 그가 1896년에 『The Korean Repository』에 발표한 2편의 아리랑이 최초로 채보되어 소개된 바 있음.

소통 · 1

엊그제 뱃길로만 오가던 외딴섬
다리 언제 놓여 저리 연육되었나
행인이며 차량들 참 잘도 흘러들 가네

일렁이는 잔 파장 속
하얗게 빛바랜 사랑이 보인다

허긴 견우직녀의 은밀한 사랑도
까치님들의 은혜로운 봉사 덕분
전설의 오작교로 이루어지지 않았더냐

부질없이 토라진 갑순이 을돌이들아
정겨운 마음의 다리 서로들 놓아보렴
소통이 거름 되어 금세 복사꽃 활짝 피려나

진달래꽃

엄동설한 언뜻 지나고
봄기운 완연한 삼월 초순
전등사 예불 마치고 내려오는 길

살아가기에 노래가 있고
참선을 알기에 향기를 뿜을 수 있다
늘 읍습했던 소나무 숲속
진달래꽃 무리 등(燈) 밝혀
환하게 밝아졌구나

네 마음도 환해지고
내 마음도 환해지듯이

오늘 5월 9일* 나라 마음도
환하게 밝아졌으면

* 2017년 대선 투표일.

지금을 열심히

무시로 흘러가는
세월의 강물 위
정처없이 표류하는
일엽편주

무엇을 탓하랴
흘러간 세월을
어찌 원망하랴
다가오는 미래를
우리 만나는 세월
오직 지금일 뿐인데

저기 저기를 보라
서편 하늘
황혼이
붉게 물들어오고 있지 않느냐
한번 간 세월은
다시 오지 않는데

자, 우리 모두
지금 바로 저 붉은 노을을 향해
열심히 열심히 노를 젓자꾸나
어기여차 저기여차
뱃노래도 흥겹게 부르면서

이제는 포용을

가을하늘 더없이 맑고 푸르고
오곡백과 들녘 가득 풍성도 한데
선심들은 어디 가고 어찌 이토록 각박하기만 하나

몇 분 창업주들의 묘역묘지 문제
뉴스라면 뉴스, 성토라면 성토
한 주 내내 연일 달구어지네

그 분들이 일군 회사들
전 세계 굴지의 대기업으로 성장했고
나라 경제에도 큰 기여를 했는데
국장까진 못 가더라도
회사장 치러 회사 묘역 공원에 모셔놓고

계절마다 그 후예들 참배하면서
창업정신 회사 사랑 가다듬는데
혹시 미운 며느리, 버선발도 미운 격은 아닌지

지금 평화 통일의 여명도 밝아오지 않나

지난 세기 힘차게 열심히 경제발전 페달 밟던 그분들
통일한국시대 더 놀라운 경제 기적 이룩하게 해야죠

자, 이제 우리 그만들 하고
서로 포용하고 격려하며
합심 협력으로 힘을 더 북돋아
신바람 내면서
범세계적 용(龍)이 되어
힘차게 비상할 준비합시다

새해 첫날

행운을 가져다준다는 황금돼지해 기해년
동양의 진주 홍콩에서 맞는 새해 아침

올해 내가 가장 듣고 싶은 덕담은 뭘까

수명장수: 팔순 넘었으니 이미 족하고
부귀영화: 야산 아래 내집 있어 굶주림 면했고
다남 다녀: 하나 더하기 하나는 둘인데 셋이나 두었고
가화태평: 자녀들 다 출가시켰고 우리 내외도 태평
만사형통: 만사 벗어난 지 이미 오랜데 형통은 무슨?

그럼에도 올해 나는 세 가지 덕담을 듣고 싶다

모처럼 조성된 한반도 평화정착의 기회 잘 북돋아
기필코 그 기회 성취되도록 함께 기도하자는 덕담
한반도 평화정착이 남북한 평화통일로 연결되어 쌍날개 펼치며
세계 으뜸국으로의 비상을 함께 기원하자는 덕담
이에 욕심을 더한다면

남은 여생 참나 찾기에 더욱 정진 있으라는 덕담

해외에 나오면 누구나 애국자 되나 보다

공원을 거닐며

요란한 풍구 들고
낙엽 치우는 아낙네야
무슨 원한 그리 깊어
그토록 모질게 몰아치느냐

저 감나무가지 위
조잘거리는 까치들의 원망소리
들리지도 않느냐

지난여름 폭염 때
땀 흘리는 그대 위해
햇빛 가려 시원한 그늘 지어줬고
가을에는 어려운 이들 위해
오색단풍으로 물들여져
황홀한 꿈도 실어다 주었지

이제 엄동설한 다가오자
포근한 이불 된 엄마나무
언 발 덮어주려는 그 충정을

그대는 정녕 모른단 말이오
겨울은 되돌아 흙을 들춰 들어갔다

여보 그대여
그만 그 일손 멈추시구려
내사 요란한 그 굉음도 싫거니와
내뿜는 그 악취 더더욱 역겨울 뿐이네
어디 그뿐이랴
어머님의 노여움은 다 어쩔 셈인가!

안양천 벚꽃 축제에서

꽃샘추위 존재감 드러내 보이려 애쓰는 사월 초
군중들 모여 안양천변 벚꽃축제 펼치는 날
뭇 꽃들의 향연 즐기면서 천변길 걸어본다

진달래꽃 개나리꽃 목련화 홍매화 산수유꽃
벚꽃들과 한판 어우러져 화사함 절정이다

커다란 돌멩이 한 덩어리
따스한 햇볕 아래 웅크리고 앉아
봄을 출산하려 강을 품고 있다

미세먼지 쓰레기대란 모르던
그 옛시절 차례차례 잘 지키며
피고 지던 새봄의 전령 조연 주연들
함께 어우러져 경연 펼치치만

대자연의 신음소리 저 멀리서 은은히 들려오는데
죄 없는 미물들 벌이나 나비들 근심걱정 태산인데

어이하여 우리 사람들은
원죄에 대한 자성은 미룬 채
이렇게 왁자지껄 술판에
고성방가로만 난리들인고

어떤 웃음

남북한 이산가족 만남의 첫날

통일각 유리창에 쌍무지개 선명히 비치고
남쪽 북녘 들판에는 훈훈한 봄바람 잠시 일었지

심오한 우리네 인생 물들여가고
저 끝 잠들어 있는 심성 일깨워

만남의 기쁨과 운명의 회한이 함께 엉클어져
혼돈과 경이로움이 뒤섞인 얼굴들 가운데
환하게 단장한 할머니 한 분 연상 빙긋이 웃고 있다

배속에 유복자 하나 심어놓고 훌쩍 떠났던 임
반세기 넘겨 늙어 쭈그러진 몰골 되어 돌아온 첫 만남
억장이 무너지련만 그녀는 시종 빙긋이 웃고 있다

검게 탄 앙상한 임의 손 꼭 붙잡으면서도
쭈그러진 뺨에 볼을 비비면서도 빙긋이 웃고 있다

중늙은이 된 유복자 아버님께 첫 절 올릴 때도
서로 어깨를 감싸안고 흐느낄 때도
그녀는 지켜보며 빙긋이 웃고만 있다

헤어지는 날 차창에 내민 임의 손
발굽 높여 붙들고서도
재회의 기약 없이 떠나는 버스 향해
손을 흔들면서도
그녀는 연상 빙긋이 웃고 있다

그것은 반백년 넘어 쌓인 그리움과 회한이
운명으로 받아들여지던 순간
얻게 된 부처님의 웃음일까
하루 빨리 통일 되어
재회를 바라는 한 도인의 웃음일까

* 2015년 10월 남북이산가족 상봉 현장중계 방송을 보면서.

자연의 섭리

세상은 요지경
이생의 끝장 쉬 보려는가
출근길 러시아워 2호선 3호차
한 젊은 여성 성추행 고발
옆에 선 키 큰 청년이 팔목으로
자기 몸을 스쳤단다

한가한 11시경 5호선 6호차
한 늙은 할머니 성희롱 고발
맞은 편 영감님 눈웃음치면서
자기 주요부위를 주시했단다

횡성의 한우 방목 농장
암소 한 마리 성추행 고발
가만히 서 있는데 수소 한 마리
옆에 와서 자꾸만 추근댄단다

김포의 양계 방사 농장
암탉 한 마리 성폭행 고발

수탉 한 마리가 싫다고 해도
그대로 달려와 덮쳤단다

이 때 하늘 높이 날던 봉황새 한 마리
하하하, 웃으면서 대성일갈
그대들 진정 이생의 끝장 쉬 보려는가

그게 다 창조주님께서
노심초사 공들여 마련한 정과 사랑의 표현이며
대자연의 섭리임을 진정 모르고 하는 짓들인고

촛불 · 1

촛불은 자신을 태워 어둠을 밝히지요

어린 시절 가물거리는 호롱불 밑에서 공부하던 나
아버님 시장 갔다가 사다 주신 한 봉지 양초
그 양촛불 켜고 책 읽으면서 신바람도 크게 내었죠

때로는 너울춤 추면서 즐기는 듯 불탔고요
언젠가는 바람결에 꺼질 듯 쓰러져가다가는
눈물 한줌 찔금 흘린 뒤
심지 높여 더 밝게 타기도 했죠

어두운 밤길 걷다가 집 근처 다다르면
진작부터 어머님께서 켜두신 촛불 하나 날 기다리며
창문을 통하여 환하게 빛 발하면서
나를 집으로 인도했죠

어머님 가신 지도 오랜데
장독 위 정화수 한 그릇 떠놓고
그 곁에 촛불 하나도 켜놓고

우리들 잘 되라고 빌던 모습
새롭게 떠오르면서 가슴이 미어지네요

촛불·2

촛불은 자신을 불태워 세상을 밝힌답니다
자리(自利) 이타행(利他行)도 쉬운 일이 아니거늘 이타
자기희생이란
얼마나 어렵고도 성스러운 길인가요

혼자라면 그 주변, 수가 늘면 광장
이에 더하여 세까지 얻으면
어둠세상을 밝은세상으로 바꿔놓죠

하루가 막장인 양 취기가 더해지며
풀섶 너머로
힘차게 아른대는
지난 해 우리는 실지 조용한 촛불혁명으로
정권교체 이루고
새 정권 적폐청산 평등정의사회 구현 위해 분주
게다가 민족적 숙원인 평화통일
성취 위해서도 진력 중

다행히 그 촛불 민족의 혼불로 승화

평창동계올림픽 성화로 옮겨붙어
꽁꽁 얼어붙었던 남북간 해동시키고
더욱 화해로 발전 두 정상 포옹
온 겨레 우렁찬 함성도 울렸죠

엊그제 부처님 오신날 봉축
첫 번째 공양상에 올린 촛불들

이제 이 땅에서 다시는 전쟁 없는 평화로운 나라
남북한 평화통일 이루고 함께 번영하는 나라
진정한 동방의 횃불로 우뚝 치솟는 거룩한 나라

이루어달라는 전 신도들
아니 온 겨레의 염원 담아 전국 사찰들
아니 온 나라 방방곡곡에서 예전엔 미처 볼 수 없던
환하게 밝고 찬란한 신비의 빛 발하면서
활활 타오르기도 했었죠

온겨레 가슴 가슴 속 늘 항상 환하게 불밝혀주기를

신바람을 내세

신바람 내세 신바람을 내세
삼천리 금수강산 들썩거리게

백두산 산신령 동해 용왕
그들의 원력으로 태어난 이 나라
신령한 기운 대지에 가득 차고
우리들 가슴 가슴에도 넘쳐나네

한번 불붙으면
두려울게 뭐가 있으랴
장하다 우리 청소년들
BTS 천지를 휩쓸고
축구선수들
전 세계를 제패해 나가고 있지 않느냐
경제번영 문화창달 그게 뭐 대수랴

이제 통일의 전망도 밝아오고
동방의 횃불 될 날 멀지 않았으니
우리 다시 한 번 더

신바람 내어보세
어기여차 저기여차 신바람을 내어보세

협동을 해야지요

하나 더하기 하나는 둘
이는 숫자만의 노름이죠

실상에서는 알파가 더하여 셋도 되고
넷도 되네요
제릅 하나는 쉬 꺾어지나
열 개 한 묶음은 다르죠

세상사 이치 모두 그렇거늘
어찌하여 우리네들은 콩가루 집안
온통 갈가리 찢어지고 나누어 만지려는가요
사색 붕당 통한(痛恨) 배워 잘 알면서도
정당들 국리 외면한 채 당리당략 쫓아 분열 일삼고
사회단체들 사사로운 이해 따라 찢어져 싸우고
심지어 법과 양심의 최후 보루 사법부마저 작금 분열상 보여
옳고 그름 판별키 어려운데
국민들 모두도 하나하나 똑똑하지만 어떻게 흩어지기만 하니
온 나라 안 한숨소리뿐이네요

자, 이제 갈라졌던 남북도 통일전망 밝아오고
우리들의 가슴 가슴 새 희망의 꿈도 부풀어 오르는데
우리 생활도 새로워져야죠
다행히 우리들은 대동계 각종 상조계 두레노동 생활화로
협동의 유전자 충만했던
자랑스러운 조상을 가지지 않았나요

하늘만 바라보는
소나무 군락을 어루만집니다
겉껍질은 투박하나 속은 꽉 찼습니다
당리에 앞서 국리를 생각하고
사익에 앞서 공익을 생각하며
협동을 통하여 자리이타 공익(公益)을 추구하는 길
함께 넓혀가야지요

제3부

개별꽃

봄의 전령 청매

엊그제 눈더미 쌓였던 담장 밑
청매화들 수줍은 듯 피어나고

그리움에 살홍 안고
달구비에 나붓거리는 눈뜬 꽃떨기 한 점

전날 내린 봄비 재촉에 못 이긴 듯
눈 부스스 비비며 막 털고 일어나는 중

꽃샘추위 맹위 떨쳐 아침기온 영하 5.5도
예쁜 꽃잎 추울까 봐 걱정도 되지만

솟아오르는 봄햇살이 따사로우니
아가야, 어서 가슴 활짝 열고 봄단장 서둘자꾸나

벚나무 단풍잎 하나

개화산 오솔길 걷다가
길가에 잠깐 앉아 쉬는데

빨간 벚나무 단풍잎 하나
한들한들 나비처럼 날아와서
내 모자 위에 살짝 내려앉으며
잠깐 좀 쉬어가잔다

색깔도 곱고 참 예쁘다니까
이른 봄 연록색 잎 순으로 태어나
봄바람 춘광 즐기며 파란잎 되었고
그 후 폭염 폭풍우도 맞으면서
억센 진초록잎 되어
열매도 익혔단다

여름에는 칠색조 넘나들어 반겼고
계절 내내 매미들의 노랫소리 즐기며
세월 가는 줄 잊고도 살았다
그러다가 푸른 하늘 드높던 어느 날

깜짝 놀라
모든 것 다 내려놓기로 결심했더니

이 몸이 이렇게 물들기 시작해서
황홀경을 연출하기도 해서
오늘은 모든 미련 거두고
제 본향으로 돌아가
기꺼이 형제자매들의 밑거름 되겠단다

산정둘레길 걸으며

처음으로 이곳 산정 둘레길에 오른다
노봉은 그 비경을 깊이 감추려는 듯
해무를 짙게 깔아 눈앞이 깜깜
시간이 지나자 점차 한 층씩 걷힌다
아마도 먼 데서 온 길손에 대한 배려인 듯

파란 하늘 열리면서 햇살도 포근
산 꼭지 한 모퉁이 들앉은 녹음
마치 목욕하다 갓나온 선녀처럼 싱그럽고
길가 뭇 초목이며 꽃들
손 흔들어 환영한다

나란히 걷던 평생친구 살짝궁 손잡는데
마침 쉼터 의자 기다린 듯 거기 있어
함께 자리해 앉으려는데
산새들도 노래하며
뭇 나비들도 춤을 추며 반겨준다

저 아래 넘실거리는 잔잔한 바닷물결

하얀 줄 뒤로 남기면서 오가는 뭇 배들
산 주변을 맴돌던 독수리 몇 마리
바다 위로 향하더니 그 중 한 마리 수중 다이빙

때마침 평생친구가 주는 따끈한 보이차 한 잔
어디선가 불어오는 시원한 한가닥 미풍
이에 차향까지 몸에 배니
어디 천국이 따로 있으랴

개별꽃

남풍 불어오는 화창한 봄날
설레는 가슴 도저히 달랠 길 없어
문간 박차고 나가 천마산 오르면서

새파란 청춘
달아맨 하늘
풀숲에 안기어
하늘을 맛본다

떨어뜨린 지팡이 집어들다가
우연히 내려다보게 된
간밤에 쏟아진 한 무리 별들
이름하여 개별꽃이란다

가까이 다가가니 꽃이요
"자세히 보아야 예쁘다,
오래 보아야 사랑스럽다 너도 그렇다" *
한 줄 내려놓고 생생한 현실이 되는구나

크고 화려하진 않지만 소박하면서
참 귀여워라 땅거미 기어나오면
곧장 별 되어 다시 하늘로 올라가겠지

* 나태주 시인의 시 「풀꽃」에서.

앵두나무

시골 초가집 후원 장독대 옆
반백년 묵은 앵두나무 한 그루

매화꽃 피는 이른 봄
혹시나 뒤질세라
청매 홍매 부럽지 않는 예쁜 꽃도 피고
그 꽃잎 진 뒷자리 초록색 앵두
주렁주렁 매달려
하루하루 커지면서
발갛게 익어갔죠

이때면 어머니는 우리를
장독대 근처에 얼씬거리지도 못하게
금족령 내리셨고
누나는 겁도 없이 살금살금 다가가
산호알 구슬처럼 빨간 앵두 한움큼 따다가
우리들 몰래 실에 꿰어
목에 매곤 했었죠

우연히 강변길 걷다가
꽃보다 아름다운 빨간 앵두
주렁주렁 열린 앵두나무 만나니
어머님 옛날 하늘나라 가셨고
누나 시집가서 할머니 된 지도 오랜데
그 때 그 옛 시절 추억들이
저 앵두 알알에 덧씌워져
환하게 떠올랐죠

옛길

무더위 기승 부려 새재로 피서 와서
수려한 Y호스텔 여장을 풀어놓고
선걸음 훌쩍 나서서 밟아본 옛길

낙동강 한강변길 감돌아 새재로 연결
길 양쪽 녹음방초 우거져 절경 되고
한쪽 옆 계곡에는 옥색물결 용솟음

청운의 꿈
품은 서생
일확천금
보부상 된 양
상기 되어
걷는데
어디서
뻐꾸기 한 쌍
어설픈
상념 거두고
비경이나

즐기라네

젖은 시간을 접어
방바닥에
깔아놓고
전복된 날
며칠 꾸려
지친 삶
시동을 끄고
숲길처럼
쉬고 싶네

문간 대추나무

금 기운 왕성해져가는 초가을
문간 옆 대추나무 황금빛 대추
주저리주저리 매달려 잘도 익어가네

대추나무를 생각하네
맑은 하늘 뭉게구름이
시름없이 떠도는 유희를 보며

직장생활 중반기 변두리 야산 밑에
처음으로 내 집 한 칸 지어놓고
날아갈 듯 기쁜 마음 서둘고 서둘러
고향 선산 성묫길 올랐네

대추나무 묘목 한 그루 가져와
정성들여 대문간에 기념식수 했더니
이제 성목 되어 푸짐하게 되돌려주네

어느 산속에 잠자던
깃털바람 기지개 켜면서

봄이면 뭇새들 보금자리 되어
조잘조잘 새소리 그칠 날 없고
여름에는 녹음 내려 시원한 쉼터
가을 되니 주렁주렁 열매 영글어
풍성한 수확의 기쁨도 주네

이웃들 인심 좋아 늘 받기만 했었는데
그대 덕분 올해는 선심도 한 번 써보려네

패랭이꽃

연한 몸매에
나지막한 저 기다림

안양천변 양지바른 언덕 배기 발치
가던 길 멈추고 자세히 내려다보니
쪼그마한 보라색 꽃들이 옹기종기
별들처럼 무리져 피어 있네

지나가는 행인들도 손만 호호 불 뿐
눈길 한 번 주는 이 없고
찾아오는 벌도
날아드는 나비도 없는
쓸쓸한 언 땅 위
혹한을 견디며
새봄 알리는 첫 전령인가

밤 되면 총총한 별들의 은혜로운 위로받고
언젠가 찾아올 훈훈한 남풍
학수고대하면서

한 생명체의 꽃으로
주어진 사명 다짐한 채
밤하늘 별들 그리며
별을 닮아 봄꿈 꾸나 봐

인동초의 격려

나를 못 본 체 지나치는 젊은이들아
삶이 고달프다고 너무 서러워마라

폭풍한설 몰아치던 엄동설한에도
얄팍한 눈 이불 하나 덮은 채로
모진 추위 견디면서 꿋꿋이 푸르름 지키다가

비비배배 종달새 노래에 잠 깨어
벌써 이렇게 꽃망울도 터뜨리는 나를 보렴

혈기 왕성한 청년 행인들아
젊음 지녔거늘 무엇이 그리 두려울소냐
저 고개 너머 화사한 서광이 비치고 있는데

제4부

아내의 손

10. 27 법난

아아, 어찌 우리 잊으랴!
’80년 10월 27일,
적멸의 도량에 일진광풍 몰아치며
법과 양심이 군홧발에 무참히 짓밟힌
그날의 사변을

어쩌다 총칼로 헌정 쟁취한 집권 신군부
이 나라 양심의 총본산 한국불교 조계종단
지지표명이 그다지도 절실했더란 말이냐
갖은 협박 강요 모자라 만고에 보기 드문 만행
어이 하려고 그렇게 저지르고 말았는가

그대들의 집권이 영원할 줄 알았더냐
천년고찰 법도가 그리 호락호락 보였더냐
불자들 보리심 충만 정권에 분노하지도 않았고
스스로 좌절하지도 않고 내적 갈등 분열 없이
오직 깊은 자성 상처 초기치유에만 진력하였더라

아내의 손

금 기운이 강하게 느껴지는 어느 초가을날
별들이 우리 잠자리로 스며드는 한밤
사그라져가는 가슴 속 고동이
못내 아쉬워
살며시 잡아본 아내의 손

부드럽던 윤기 다 어디가고
이처럼 거친 손으로 변했는가
이제야 살피고 가슴 앓다니
지난 오십년 세월이 참으로 원망스럽구나

그 손 살짝 끌어다 가슴에 얹어본다

그 때 그 뜨겁던 열기 다 어디가고
이렇게 내 가슴 시리게 만드는가
이제 와 느끼고 후회하다니
지난 오십년 세월이 참으로 안타까워라

찬란한 별들이 내려다보는 가운데

혼자 몰래 중얼거려본다
늘 당신을 사랑하였고,
다시 태어나도
오직 당신만을 사랑하겠노라고

축시
——정유년 재경 진농 총동창회에 부쳐

천리길 진주 칠암벌 숲속에서
지리산 정기 받고 남강 물 지혜 배워
학업, 심신 단련했던 쌍백선 모(帽) 사나이들

정유년 마지막 보내고 무술년 새로 맞는
또 하나 세월의 고갯길에서 뜻깊게도
조문규 회장 신용만 사무국장들
심혈 기울여 건설해 놓은 역곡 하이뷰의
5층 회당에서 정유년 정기총회
크나큰 경사라네

옛말에 말(馬)은 나면 제주로 보내고
사람은 나면 서울로 보내라고 하였던가!

파란 꿈 한 조각 가슴에 품고
천리타향 낯선 서울로 다들 올라와
열심히 살아가는 준걸한 재경 진농 동문들
오늘 이곳에 모여
반짝이는 눈빛 서로 마주치며

말은 없을지라도
송구영신(送舊迎新) 잘들 하라고
서로들 교감 다정도 하여라

회장의 낭랑한 인사말도,
역곡 하이뮤가 떠나갈 듯 큰 소리
박수갈채도 칠암벌을 달구었던
옛 열정 그대로 언제나 변함이 없구나

아아! 깊고 아름다워라
우리들의 이 고귀한 우정
영원히 변치 말고
오래오래 그대로 간직하세

우리 모두 깊은 정(情) 가슴 새겨
혹시라도 세모에 있을지 모를
불우한 친구들 없는지
주변 두루두루 살펴
혼자 힘 모자라면

십시일반 우리 모두들 힘 모아 돕도록 하세
자랑스러운 우리 재경 진농 동창회
아름다웠던 우리들의 전통
다정했던 우리들의 우정
다함께 길이 더욱 빛나게 가꾸어 가자꾸나

석별의 정

회자정리, 정들자 헤어진다는 말
피하고 싶은 말들, 그런데 그러질 못하네요

장엄도량 조계사 선림원에 모인 우리 제12기
영진스님 남전스님 일선스님 가르침 받으면서
3개월간 함께 한 도반 된 인연들
오늘 이렇게 석별의 정 나누면서
헤어져야만 하네요

저 하늘 높이 총총한 별들 보이나요
훤하게 날 밝으면 어디론가 사라졌다가
다시 밤 되면 창공에서 찬란하게 빛을 발하죠

이제 우리 모두 헤어져 각자도생 길 걷다가
저편 서안에서 환한 얼굴들로 다시 만나죠

모두들 말은 없어도 섭섭한 표정 역력하고
오늘 이 석별의 정 깊이 간직한 채
우리 모두 성불하여
보람된 연꽃세상을 활짝 열어가자구요

찬란히 빛나라 옥종중학교

지리산 정기 받은 옥산의 품안
전주상 은사님 잘 닦아놓은 기초 위
우뚝 솟은 일군의 상아탑 전당들
지붕 위에는 찬란한 영기 서렸고
창 밑으로는 지성의 물결 도도히 흐르네

지리산 발치 산재한 향촌들 곳곳에서
티 없이 맑게 자란 천진난만 학동들
십리 길도 지척인 양 걸어서 등하교
훌륭한 교장선생님과 여러 교직원님들의
열정적 가르침 받고 튼실하게 자라네

학업에 매진하여 지혜를 기르고
덕천강물 굽어보며 덕성도 기르고
넓은 운동장 뛰놀며 신체도 단련시켜
건장한 몸 가꾸고 돈독한 우의 협동심 길러
이 나라 짊어질 동량으로 성장하네

배움의 전당 거쳐간 선후배 졸업생들

이 나라 방방곡곡에서 어두운 세상에 길 밝히고
이 나라가 필요로 하는 곳곳에서
성실히 봉사들 한다네

아아, 찬란하고 거룩하여라
그 이름도 빛나는 옥종중학교
그 찬란한 빛 더 밝게 영원토록 빛나라

호주에서 온 아잔 브람 큰스님

리—랙—스! 리—랙—스!
가슴을 활짝 열고 리—랙—스!
법문에 들기 전 그 육중한 옥음
연이은 설법
우리 모두를 행복감에 흠뻑 젖게 한다

개발이란 미명 아래 자행되는 자연 착취
문명 발전이란 미명 아래 저지르는 각종 패도(覇道)
세계명문 캠브리지 하바드대학에서 갈고 닦은
그 인품으로 가만히 보고만 있을 수는 없었나 보다

무명의 중생들을 구제하는 길 찾다가
태국의 아잔 찬 큰스님 만나 불문에 입문
명상수행 정진 마침내 득도하면서
지구촌 전 인류 공존
자연과의 상생길 선봉서셨다

머나먼 호주 땅 그윽한 한 숲속
명상센터 운영하시면서 수행, 가르침

분망 중에도 태백시 세계명상대전에도 참가
수많은 우리 종도들에게도 법문 감명깊게 베푸셨다

아아, 모습도 장엄하여라
그 이름 아잔 브람 큰 스님
불(佛)자도 잘 모르던 서양인들 마음에
불심의 불길 훨훨 타오르게 지피신다

은혜로운 각산 큰스님

황혼이 점점 붉게 물들어 가는데
기러기 한 떼 서북향 길따라 날아간다
네갈래길 앞에서 방황하고 있던 한 늙은이
큰스님 만나 올바른 길 들어섰다

스님께선 무명의 중생 모두 다 구제코자
크나큰 원력 품고 불문에 들어서
국내 유명도량들은 물론
십년도 넘게 범세계적 모범수행처를
찾아다니면서 정진 수도하였다

항하의 모래알 수만큼이나 많은
수승(殊勝)한 공덕을 짓고자
포교활동 도에 전념하여서
참불선원을 통해 수많은 불제자를 지도 배출하셨다

그 뿐인가
경북 영천 백만평 넘는 명상단지 조성
전 세계인들 위해 영성단지 개발도 추진한다

명상 바람 전 세계로 파급되어 바야흐로 용화세계도 열리겠지

인도의 타고르는 우리나라가 동방의 횃불 된다고 했다
아마도 영천 명상단지가 바로 그 효시가 아닐까
아아, 거룩하여라
각산 큰스님, 한국명상지도자협회장님
아아, 은혜로워라
각산 큰스님, 참불선원 원장님

아잔 간하 큰스님

하늘에서 툭 떨어지셨나
땅속에서 막 치솟으셨나
모습은 천진난만 동자요
말씀은 거룩한 생불님일세

인자한 용모에 그 친화력
달려들던 들소들, 코브라들, 반군 게릴라들
모두 다 일순 친구 되어 돌아들 갔다네요

스님 함께 사는 태국민들 행복하고
스님 법문(法文) 듣는 우리도 행복한데
스님 오래오래 계셔서 온 세상 모두 다 행복해졌으면

* 2018년 10월 15일 세계 명상대전(하이원 리조트)에서

죽음의 길
—김헌수 님의 부음을 듣고

인생은 빈손으로 왔다가
빈손으로 가는 나그네 길

누구나 한번은 겪는 죽음의 길
왕래가 빈번한 길들도 허다한데
왜 이 길만은 영영 되돌아오지 못하는가

후덕한 분이 먼저 가는 길
꽃밭 속에 펼쳐진 그 길로
그는 마침내 가고야 말았네
환하게 웃음 띤 얼굴을 한 채로

그날 밤 길 끝 서쪽하늘엔 샛별 하나
밝게 빛나면서 우리에게 길 밝혀주네
더없이 자기를 낮추고
아낌없이 서로 베풀면서
지성으로 이웃과 친우들 사랑하다가
때 되면 자기 곁으로 따라오라고

하나님 주인인 한 병원

봄이 오는 언덕
백합꽃 향기 자욱한 창가
보조병상에 누워
곤히 잠을 청하려는데
한 갈래 밝은 빛 내려
이 몸 비추니
쓰라린 아픔
살며시 사라져간다

에덴동산 길목
매화 만발한 한 언덕 위
이름하여 “메디힐병원”
사랑 가득한 병원
치료는 하나님
백의의 의사님들 천사님들은
봉사만 한단다

세파에 시달리다
상처받고 병든 몸들

이곳에 모여
육신과 마음 함께 치유받고
밝은 웃음 삶의 영광 되찾은 후
그 은혜
깊이깊이 가슴에 새기면서
떠나간다

* 2019년 3월 8일 아내 퇴원 수속을 밟으면서 벽에 쓰인 "치료는 하나님, 우리는 봉사만 한답니다"라는 표어를 읽고.
* 이 시를 facebook에 띄웠더니 평소 잘 알고 지내던 한 페친, 저를 불교신자인 줄 알았는데 어떻게 이런 시를 지었느냐고 물었다. 대답이 궁해서 우선 내가 살아온 삶을 전했다. "저는 불교를 신봉하는 가정에서 태어났지만 재학 중이거나 재직 중에는 종교를 갖지 못하고 무교로 살다가 퇴직 후 (사)두레친환경농업연구소를 설립하여 김진홍 목사님을 이사장님으로 모시고 일하면서 두레교회도 나가고 정동교회도 다녀보면서 하나님 말씀을 신봉했지만, 그 후 연구소일을 그만두면서 교회다니는 것도 함께 접었습니다. 한참 후 명상에 입문하면서 참불선원, 조계종 국제선센터, 그리고 조계사 선림원에 나가면서 불교에 귀의하게 되었습니다. 그런데 자비심을, 기독교는 사랑을 각각 종지로 삼고 있어서 어느 한쪽 교를 믿으면 다른 한쪽 교를 배척해야만 하는지를 아직도 잘 모르겠습니다."라고 답변하면서 이해를 구했다.

제5부

가을 나그네

가을 나그네

소슬바람 구르는 낙엽 밟으며
귀밑머리 서리 내린 두 나그네
발걸음도 경쾌하게 길 걷는다

가을하늘 맑게 개여 높고 푸른데
아름다운 산천초목 오색 단장
온 세상 울긋불긋 그야말로 황홀경이로다

개울물 졸졸졸 흥겹게 노래하고
구르는 낙엽들 사그락 사그락
시공과 조율 맞춘 청량 화음 귓전에 스며든다

총총걸음 앞서 달려가는 저 길손아

싱그러운 국향까지 폐부를 적셔오는데
그 걸음 잠시 멈춰 큰 숨 한 번 훌쩍 쉬고
쉬엄쉬엄 쉬어가면서 천천히 가자구나

언제 다시 올지 모르는 소풍 길 아니더냐

다람쥐의 고난

삭풍 몰아치는 동구 밖 잣나무 숲
장난치면서 놀던 다람쥐 두 마리
인기척에 두 귀 쫑긋 세우고 뒤돌아본다

시장개방 한숨 지며 길 걷던 두 분 농부들
발걸음 멈추고 물끄러미 그들 쳐다보며
동병상련인가 넋 잃고 신세타령 흥얼댄다

불과 몇 년 전만 해도
활기찬 모습으로 몰려들 다녔는데
근래 많이도 줄고 애잔한 모습들이구나

외래종 청솔모 들어와 설쳐대고
집 나온 고양이 개들까지 야단인데
잣나무 도토리 굴밤나무들 난벌로 줄어든다지

애꿎은 등산객들 남은 열매마저 채취해가니
삭풍 몰아치는 엄동설한 허기진 배 어이하리
삶 그게 무언지 근심걱정 태산 같구나

허나 이 동산에서 어디에 바위 있고
어디에 굴이 있고 어느 곳에 먹이 쌓이는지
그대들보다 더 잘 아는 이들 누가 있으랴

용기 잃지 말고 지혜롭게 여여하게 살다보면
머지않아 오곡백과 풍성한 가을이 필시 오나니

자연의 질서

엊그제가 입춘
가는 겨울 서러워 영하 12도 발악
제아무리 투정 부려도 새봄은 온다

세월 흘러 벌써 삼월 중순
꽃샘추위 시샘하여 진눈개비 뿌리지만
연분홍 복사꽃은 보란 듯 화사하게 피어난다

탐욕에 눈멀어 발버둥쳐도
머리 주변에 흰 서리 내리면
그 황홀했던 황혼 꿈은 엷어져만 간다

바람 따라 구름 따라 흘러가는 세월
못내 아쉬워 막아보려 아무리 발버둥쳐도
그 누군들 무슨 수로 대자연의 흐름 막을 수 있으랴

홍매화와 푸른 솔

능골 산기슭 오르다가 만난
환하게 웃음 띤 한 그루 홍매화
싱그러운 소나무 숲 배경으로
참 잘 어울리는 한 폭 그림 같어라

춘 사월 초순 봄기운 완연하지만
시샘 많은 찬바람 혹시 불어올세라
바람막이 자원봉사 나선 푸른색 장정들에
홍조 띤 얼굴로 손짓 발짓 감사 표하는군

휘황찬란 달 밝은 밤이면
선녀 닮은 무희 되어 청송들과 함께
정답게 홍겹게 농무(農舞)에 깊이 빠져서
시간 가는 줄도 잊은 채 온 밤을 지새우겠지

푸른 솔과 홍매 동양화의 정수들이라던가
능골 산기슭 정다운 청송 장정들의 품속에서
농염을 토하며 몽환에 취한 빨간 볼 홍매화
그 어떤 명화로 이 그림을 따를 수 있으랴

언덕 위 한 그루 큰 나목

수명산 오르는 꼬부랑 언덕길 가
외로이 서 있는 한 그루 커다란 나목
북풍한설 몰아치는 이 차가운 날씨에
발가벗은 알몸 온갖 찬바람 다 맞으며 우뚝 서 있구나

여름이면 뭇 새들의 보금자리 되었고
더위로 허우적거리며 지나는 행인들에겐
시원한 그늘 내려 쉼터도 제공해주었는데
세월 탓에 계절 탓에 어쩌다 외로운 나목 되었는고

세상을 탓하랴 산주를 탓하랴 그게 운명이런가
호위해주던 보호수들 옮겨지거나 벌목 당하고
타고난 성품 비바람에 순응하는 유연성마저 없어
홀로 뻣뻣이 그 자리 지키면서 외롭게 서 있구나

엄동이 제아무리 길다 해도 봄은 필연코 오는 법
어떤 간난에도 흐트러짐 없이 꿋꿋이 잘 견디면서
하늘을 우러러 한 점 부끄러움 없이 여여히 지나노라면
꽃 피고 새 잎 나는 봄, 아지랑이 너울 타고 반드시 찾아오려니

9월에 핀 벚꽃

올 여름 긴 장마 큰 더위 잊고 살았더니
길 섶 벚나무 꽃 예쁘게도 활짝 피어있구나
길손 한분 왈 '코로나19에 시달리다 위안 받는단다'

기상이변 두드러지는 가운데 긴 장마가 왔고
봄꽃들이 선 후 차례조차 잊은 듯 함께 연이어 피더니
마침내 9월 이런 기이한 현상도 일어나는가 보다

대체로 꽃들은 감온성 감광성에 의거 개화한다는데
이처럼 9월 벚꽃의 만발은 기상천외 아니던가
한 전문가 긴 장마 끝에 잎이 지고 적온 만나 핀 거래요

코로나19 환란에 위안주려 피었다면 참 갸륵하지만
필시 기상이변의 뚜렷한 징표임이 분명하니
원죄자인 우리 인간들 이제 어떻게 해야 하나요?

조계사 뜰 앞 우뚝 선 회화나무

아~아 참 늠름 하구나
아~아 무척 장엄도 하여라
천년고찰의 거룩한 수문장 보살님

이른 봄 하얀 눈꽃 피워
그 방향(芳香)으로 도심을 향기롭게 감싸고
낙화 때는 절 마당에 하얀 융단도 깔았었지

마당집회 때면 가지들 내려 지붕 덮어서
여름에는 그늘 내리고 겨울엔 찬바람도 막아
실내 같은 아늑한 분위기도 조성해 주는구나

때때로 열리는 연등행사면 온 하늘 뒤덮는
수많은 연등들 등걸이 되어 온 하늘 가리는
화려하고 찬란한 연등 천장도 만들어주곤 했지

전생에 못 이룬 불심 그 한 얼마나 깊게 맺혔으면
허구 많은 저 신도들 다 맞으며 반 천년 기나긴 세월
불전에서만 한 자리 굳게 지키면서 저리도 향불 마음

불태우는고

아~아 장하도다 그대 모습
저 천년고찰의 거룩한 수문장이시여
간밤 몽중 신도들께 천수(千手) 흔들던 수문장 보살님이
시여!

깊어가는 가을밤에

차가운 달빛 만공산하고
섬돌 밑 귀뚜라미 슬피 우는데
한 가닥 맑은 바람 낙엽을 굴린다

들국화 꽃잎에 무서리 맺히고
달을 띄운 하늘은 현현 요요한데
투두둑 알밤 쏟아지는 소리 정적을 깨우는구나

개울물 졸졸졸 소리 내며 흐르고
달을 머금은 호수 그윽하고 적적한데
이 내 마음은 왜 이리도 부질없이 방황만 하는고

숲속에서 새봄을 맞다

메마른 나뭇가지들 틈새 비집고
따사로운 봄 햇살 그늘져 내린다

까치 한 쌍 조잘조잘 사랑 다툼 하는 듯
쫓고 쫓기며 퍼드덕 퍼드덕 저들 둥지로 날아오른다

아직껏 겨울 단잠 덜 깬 나무둥치들 사이로
연록치마 곱게 두른 봄 처녀 수줍은 듯 살금살금 스며든다

한적한 산모퉁이에 진달래꽃 한 다발 피워놓고

임 향한 연정에 모닥불 지핀다

2020년의 봄

달은 지구를 중심으로
기울었다 찼다 하면서 돌고
지구는 해를 중심으로 봄 여름
가을 겨울 철 바꿔가면서 잘도 돈다

올해도 어김없이 엄동설한 거친 후
진달래 개나리 목련화 벚꽃 활짝 피는
화창하고 따사로운 새봄은 찾아 왔건만
어이하여 사람들 표정은 저다지도 어두운고

눈에도 보이지 않는 코로나19 팬데믹에

깃발 휘날리던 광장도 비고
홍청망청 왁자지껄 골목길도 비고
극장도 비고 음식점도 비고
침묵 속에 온 시가지가 텅텅 비는구나

된장국 사랑

꽁꽁 언 바람 찬 겨울 아침
밥상에 오른 뜨거운 된장국물 한 모금
그 따뜻함 무엇에 비하리요

감칠나게 깜찍스런 맛갈은 없지만
은근하고 푸짐한 어머님 성품 같은
부드럽고 입에 맞는 구수한 그 맛

잘 어울리는 우리 누나 행실처럼
추어탕에나 매운탕에 넣어도
조화롭게 잘 어울리는 그 맛

삼시 세끼 아무리 연속해서 먹어도
싫증나지 않고 입맛 돋궈주는 된장국
아~! 각 가정들 음식 맛 판별의 기준

시골에서 소 먹이러 다니던 소 시절
꼴망태 한 짐 지고 골목길 들어서면
우리 어머님 된장 끓이던 그 구수한 냄새

아~아! 그리워라 그때 그 향수

6월과 흰나비

신록이 짙어가는 6월 호국 보훈의 달
어제, 오월 끝 날 만났던 호랑나비
오늘은 흰나비 되어 나를 반기네

날이면 날마다 두세 시간
운동도 하면서 머리도 식힐 겸
공원 둘레길, 안양천변길 걷는다

노랑나비 범나비 그 많던 형형색색들
눈 비비고 찾아도 한 마리 보이지 않고
온통 흰색나비들 천지로 변하였구나

얼~싸! 저들도 현충의 달 맞아 소복단장 했는데
이 몸 한 점 부끄럼 없이 충심으로 순국선열들의
구국희생을 기리고 있는지 자문해 본다

푸른 소나무 숲속에 앉아서

푸른 소나무 숲 한 가운데
널판자 하나 깔아놓고
갈비 한 다발 방석삼아 걸터앉아

솔잎들 틈 사이로 파란하늘 쳐다보니
서산에 기우는 해 황혼 빛 진 붉고
황홀한 풍광 속에 스쳐가는 일진청풍
이리도 시원하게 내 가슴 툭 튀어 주는고

마음을 한데 모아 화두일념 몰입하여
무공적(無孔笛)을 빗겨 불고
몰현금(沒絃琴)을 높이 타니
뇌리를 파고드는 이 환희로움 어이 말로 다 일으리요

* 무공적과 몰현금은 참된 마음을 달리 표현한 선종의 용어임.
* 나옹화상의 토굴가에서 차용.

공작꽃나무*를 보면서

모처럼 소낙비 그친 오후
숙연한 서서울호수공원 둘레길

주변에 가득했던 봄꽃들 계절 따라 대부분 사라지고
짙어오는 녹음방초 빗물 젖어 더없이 싱그러워라

길옆 한 모퉁이 예쁘게 꽃피운 한 그루 공작꽃나무
소리 없는 조잘거림으로 나의 옛 추억 들추어준다

어린(少) 시절 쇠꼴망태지고 즐겨 찾던 소(牛) 쌀밥 초
아열대 대북에 살면서 알게 된 그게 바로 공작꽃나무라고

그땐 꽃은 피우지 못한 채 잎만 무성했었는데
오늘 보니 공작 깃털 닮은 예쁜 꽃도 피워 함초롬히 비
에 젖었구나

눈에는 매우 호사스럽지만 그게 지구 온난화 따른 불길
한 징표로만 느껴지니 마음은 천근만근 된다네

* 학명: 자귀나무.

제6부

비눗방울

비눗방울

여의도 강변공원 널찍한 잔디밭
때때옷 꼬마 하나 비눗방울 날린다
오~라 커다란 방울 하나 떠오르기 시작
꼬마 얼굴엔 금세 함박꽃 만발한다

두리뭉실 커다란 비눗방울 하나
거기엔 하늘이 얹혀 있다
공원도 있고 강도 있다
그와 나 우리 모두 함께 있다

둥실둥실 두리둥실 잘도 떠오른다
너울너울 너울거리며 춤도 춘다
곱디고운 무지개도 떠 있다

헌데 어쩌랴 한 가닥 바람에
그만 사그라진다

오호 통재라!
모든 것들 다 함께 사라져버렸다

그 자리엔 하나 텅 빈 허공(虛空)만 떠 있다.

정 회장님 부음을 듣고

기해년 가을 끝자락
수명산 가는 한 길목
큼직한 벚꽃나무 단풍잎 한 장
진홍색 물들어 길 위에 펼쳐져 있다

살며시 집어 호호불어 먼지 털고 보니
지난여름 세찬 비바람 맞으면서도
푸르름 잃지 않고 자랑스러워했고
열매 익히느라 열심히 노력도 했겠다

한 날 높푸른 하늘 찬 서리 내리자
모든 것 버리고 비움 시작했더니
저렇게도 곱게 울긋불긋 물들었구나
살며시 닦아서 책갈피에 꽂아본다

귀가해서 거실에 드는데 핸드폰 울린다
살며시 열어보니 아차 동아사진반 1기생
정 회장님께서 소천하셨다는 소식이다
훤칠한 몸매에 미남형 호인

수업 시간 뒷자리에서 열심히 강의 듣던 모습
경복궁사생대회 연신 카메라 눌러대던 모습
회식 때 열심히 들려줬던 호주 여행담
자꾸만 자꾸만 생생하게 떠오른다

창경원 모임 때 해맑게 미소 짓던 그 모습
종각역 모임 소수 인원에 실망하시던 모습
그런 가운데서도 다정다감했던 인자한 얼굴
그 아름다웠던 벚꽃나무 단풍잎과 자꾸만 오버랩된다

이제 정 회장님 세상일일랑 모두 잊고
하늘나라에서 축복 듬뿍 받으면서 편안히 쉬소서
우리 동기생 일동 삼가 두 손 모아 비나이다

우리의 선택은?

세상이 현기증 나게 변한다
두려움에 더해 공포심마저 든다
우리는 지금 백척간두 아니 세상변화
포물선 변곡점 한 꼭짓점에 서 있다

북극 빙하가 사라지고
아마존 밀림이 화염에 휩싸였는데
공중오존층엔 구멍이 숭숭 뚫리고
날이 갈수록 기상이변 점점 심해져 간다

태평양엔 거대한 쓰레기 섬 형성되고
엊그제 한 하천 물고기 떼죽음 당하더니
바다에선 고래 한 무리 뭍에 올라 죽음 맞는다
다음은 또 그 다음은…

네 번째 산업혁명 막 오르자
오늘 벌써 디지털 5기가바이트 세상
잠자리 본 떠 비행기 만들고
물고기 본 떠 잠수함 만들더니

사람 본떠 AI인간도 만든단다

무인자동차 벌써 길거리 누비고
무인백화점도 곧 등장한단다
어디 그뿐이랴
AI의사, AI판사, 변호사는
그럼 우리는 무슨 일들 하면서 살아가야 하나

우리 앞엔 세 갈래 길이 보인 다

지금 이대로 지구촌 우리 모두 공멸로 치닫는 길
임기응변, 사후처방 식으로 대처해가는 혼돈의 깜깜한 터널 길
자연과의 상생 인류 공존을 실천하는 자비심·배려심 충만한 삶의 길

우리는 과연 어떤 길을 선택해야 하나요

코로나19의 조기 귀환을 빌다

코로나19, 그대 투명망토 입은 하느님의 사자(使者)련가

이웃들이 병상에 들고 친구가 하늘나라로 사라질 때
그렇게나 두렵고 참으로 원망스러웠다네

시간이 흐르고 악몽에서 점차 깨어나면서
자리(自利) 탐욕 좇아 그토록 추구하던 부귀영화
한낱 부질없는 허상들이었음을 이제야 알게 된다네

북극에 빙하가 사라지고
호주 원시림 화염에 휩싸이며
하천엔 물고기들이 떼죽음 당하는
숱한 하느님의 경고에도
오만방자 우리들 반성할 줄 몰랐었지

이제 그대가 연출하는 생생한 현장을 목격하고
순리를 멀리한 채 역리를 탐했는지 되돌아보면서
생명체들은 동원(同源)의 개체들이요 자연은 그 삶의 터전인 것을

서로 한 몸처럼 아끼고 도우면서 살아가야 할 공동운명체들인 것을
뒤늦게나마 그대 덕분에 깨닫게 되는구나

오~호! 그대여 이제 그대 사명 백분 완수했으니
더 이상 지체하시지 말고 휑하니 어서 귀환해 주소서

과유불급(過猶不及) 미흡(未洽)이란 말 있지도 않나요

하늘로부터 온 생일선물

집콕하느라 지루한 윤사월 12일 한낮
딩동 문간 벨소리에 반쯤 졸다 깜짝 놀라
뛰어나가 보니 화사한 호접난 분(盆) 하나 배달 왔네

예쁘게 꽂혀있는 분홍색 나비 리본
한쪽 깃엔 "조 여사 생일을 축하합니다"
다른 쪽 깃엔 내 이름 석 자 적혀 있다

뜬금없는 선물에도 노파(老婆)는 춤을 춘다
요즈음 저기압으로 바가지만 달달 긁던 아내
이토록 반색하면서 달겨들어 포옹까지 할 줄이야

은근슬쩍 웃어넘기지만 내 의문은 꼬리를 문다
마나님 생일은 아직도 석 달이나 더 남았고
분명 나는 아닌데 내 이름도 뚜렷하지 않나

누군지 그 배려에 가슴이 뭉클해지는데
가족이나 친지 중엔 짚이는 이 아무도 없고
그렇다면 혹시 전지전능하신 하느님이신가요

어떻든 그늘졌던 온 집안이 환하게 밝아만 온다

어찌 세월에만 미루랴

산사에서 들려오는 은은한 풍경소리
숲속에서 들려오는 해맑은 꾀꼬리 울음소리에
이맘 속에 남아있는 번뇌찌꺼기 말끔히 씻겨가 주었으면

거친 들판 노란색 민들레꽃 홀씨 한 알
내 마음 텃밭 한구석 빈 곳에 떨어져 싹 틔웠다가
커다란 황금색 자비심 꽃송이로 무럭무럭 자라줬으면

옹달샘에서 표주박으로 훌쩍 떠 마신 그 초승달
마음속에서 점점 불어나 둥글고 환한 커다란 보름달 되어
갈피 못 잡고 방황하는 우리 중생들 길잡이 되어줬으면

인(因)이 연(緣)을 만나 과(果)를 맺는 일
원(願)과 행(行)에 더하여 장구한 인(忍)의 조합이련만
어찌하여 다들 부질없이 흘러가는 세월에만 미루려 하는고

해동의 횃불 동국대학교

파~란 꿈 가득 실은 짙은 녹음 남산 아래
지성의 물결 넘실거리는 드넓은 상아탑 촌
하늘이 내리신 삼성*께서 열성을 다해 찬란히 얼(魂)을 가꾼다

서산에 황혼이 뉘엿뉘엿 날이 저무는가 했더니
벌써 동녘하늘엔 여명이 동창을 밝혀온다
시대의 흐름을 누군들 막을 수 있으랴

탐욕에 불타 개발이란 미명 아래 경쟁적으로 추구하는
대량생산 대량소비로 쓰레기 대란, 거침없는 자연의
훼손 파괴를 가져온 현 서구식 문명은 한계에 봉착
조금은 완만할지라도 자연과의 상생 인류 공존을
지향하는 연기 중도 중심의 동양철학을 바탕으로 한
새로운 문명이 창조적 번창을 누리는 게 순리다

보라 엊그제 그렇게 붐비던 명동거리나 온 시가지
코로나19 탓으로 텅 빈 정적의 거리로 변하고
앞으로의 세상도 BC/ AC**로 확연히 구분지어질 형세

아닌가

아~아! 저기 활짝 핀 연꽃, 거기 서 있는 늠름한 흰 코끼리
거룩한 동산 새 시대를 열어갈 새 일꾼들의 광장 삼보의 언덕
자랑스러운 해동의 횃불 새 문명 창조의 선도기지 되리라

아~아! 동국대학교 삼보의 전당 이 겨레 아니 전 인류를 위해
이 땅에 새 시대 새 문명 개척자들의 산 도장되어 새 역사를
창조해 갈 유능한 역군들의 산실 횃불 높이 들고 어두움 밝히리라

암담한 온 세상 환하게 불 밝혀 가리라

* 삼성 : (1)성우 이사장큰스님, (2)성월 상무이사큰스님, (3)(윤)성이 총장님을 일컬음.

** BC/ AC는 코로나19 팬데믹 전과 후를 말합니다.

* 경자년 7월 동국대학교가 향후 새 문화를 선도하기 바란다는 조그마한 저의 제안에 대하여 분에 넘치는 환대를 받으면서 감사하는 마음으로 썼음.

9월 마지막 날(경자년)

누가 세월을 흐르는 물 같다 했나
긴 장마 끝나나 했더니 오늘 벌써 중추 전야
코로나19 팬데믹, 하릴없이 헛세월만 흐르는구나

온 들판 황금물결 이루며 출렁대지만
중추야 밝은 달은 구름 가려 볼 수 없고
이 마음 한 구석엔 까닭모를 외로움만 깊어가네

울긋불긋 황홀경 단풍 온 산천초목 다 삼키고
차가워진 가을바람 조석으로 옷깃 스미는데
어이하여 갈 길 먼 이 길손은 잠못이뤄 하는고

몽중에라도 저 남쪽 부모님 계신 곳으로 곧장 달려가고
파라

선림원(禪林院) 찬양

가끔씩 숲을 찾아 즐긴다
대나무 숲, 소나무 숲, 잡목 숲, 사람 숲 등

대나무들은 천생연분 숲지어 살게 마련인가
총총 늘어서선 가지들 온통 함께 얽혀 무성해서
짙은 그늘 내려 햇빛 차단 싱그러움 더해주고
빽빽 들어선 대나무 틈새로 스며드는 바람 시원도 하여라

소나무 숲은 아름다워라
서천에 해 기울면 솔가지 잎들 사이로 황혼빛 하늘
모기나 해충들 방해 없이 피톤치드향 흠뻑 젖게하지
아 아 그리워라 두고 온 고향산천 그 송림들

아카시아, 참굴나무, 떡갈나무, 이름 모를 잡목들
서로 경쟁하며 웃자라느라 높고 커다란 돔 이루며
시절 따라 피는 꽃들 그 향긋한 향내 쉼이 없지
돔 아래 그 넓은 공간 가슴 펴고 뛰놀기도 좋아라

비록 창문 열고 자연과 한 통되지만

아늑한 방안 편히 방석 깔고 좌선하는 보살님들
그 속에 함께하노라면 번뇌 망상 말끔히 사라지고
계속되는 정진에 뼛속으로 스며드는 그 희열

누가 나에게 어느 숲이 가장 좋으냐고 묻는다면
선뜻 선림(禪林)이라고 답하겠네

원효대사님께 화쟁(和諍)정신을 빌다

윤회를 해탈하신 대사님 늘 우리와 함께 하시죠
화쟁정신이 지금 그 어느 때보다 절실합니다

새 시대의 여명기를 맞아 우리나라가 전 세계를
밝히는 등댓불이 된다네요

탐욕적 경쟁적으로 개발이란 미명 아래
자연훼손과 환경파괴를 일상으로 했던 서구식 문명은
쓰레기 대란 기상이변 각종재난 등으로 한계에 봉착하고
자연과의 상생 인류 공존을 이상으로 하는 연기 중도철학
중심의 동양사상에 기초한 새로운 문화가 열린다네요

마침내 홍익인간의 이상에 유·불·선 삼교 동양철학을
혼융해서 아우르는 우리나라 문화가 그 선봉이 된답니다

성인 타고르께서는 우리나라가 동방의 횃불이 된다고 진즉 예언했고
고승 탄허스님께서도 극동의 우리나라가 세계중심국이 된다고 예언했죠

미 펜실베니아 대학 저명교수 샘 리처드께서도 계속 한국을 주목하라네요

문화나 문명의 첫 글자가 문(文: 글자) 아닌 가요
세종대왕께서 창제하신 한글(우리글)이 최근 세계에서 가장 우수한 글로 선정되었고 목하 k-pop, k-culturer가 전 세계를 누빈답니다

정작 앞장서야 할 정치지도자들께서 그런데도 아직 정신을 못 차리시네요
제발 이분들께서 시대정신을 깊이 깨달아 사리(私利)나 당리, 당략에 앞서 공익과
국익 중심 화쟁정신에 입각한 정치를 펼쳐나가도록 대사님께서 이끌어 주소서

정치노선에 따른 국민대다수의 지지로 선출된 통치자 대통령들의 잘 잘못은 그 판단을
역사에 미루고 극단적 사리, 사욕적 위해를 제외하곤 정치보복성 투옥이 되풀이되지 않도록

제도화하면서 여·야 의원간 정쟁도 화쟁정신에 입각 풀어가게 하소서

우리나라가 세계 중심국가가 되려면 남북통일은 필수 과제입니다
제발 남북한 지도자들 나라의 미래와 후손들의 장래를 위해서 하루속히 화쟁정신에
입각 통일국가 이루고 그 찬란한 빛으로 전 세계를 밝힐 수 있게 도와주소서

오월*의 기도

오~오!
계절의 여왕 오월이여

검은 구름 놀고 간 자리
청명하늘이 새롭도다

백주에 하~얀 꽃구름 한 송이
칠색 무지개로 단장도 했었지

아~ 그 날이 바로 임 맞던 날
앞날들이 무척도 환희로워라

자! 이제 우리 모두 함께하여
영광의 새 역사를 펼쳐나가리

* 임인년 5월.

평화통일 발원 시

천년고찰 불전에 엎드려 온 정성 다 바쳐 간절히, 간절히 서원합니다
'남북한 평화통일 성취하여 전 세계를 불국정토로 이끌게 해 주소서

부처님, 부처님!
자연과의 상생, 인류 공존을 이상으로 탐·진·치 삼독을 끊어버리고
서로간 지혜롭게 화평하라는 게 부처님의 가르침 아니신가요?

그동안 어리석은 저희 세인들 그걸 잘 지키지 못했습니다

탐욕에 젖어 대량생산 대량 소비문화를 일상으로 살아왔습니다
자연은 많이 훼손되고 환경은 크게 파손되었으며 기상이변을 비롯한 각종 재난으로 현존 문화로는 극복하기 어려운 한계에 봉착해 있으며, 세계도처에서 분노에 찬 투쟁과 전란으로 전운이 하늘을 뒤덮고 있습니다

우리 한반도에는 다행히 아직 불성 중심 문화가 삶의 기저를 이루고 있습니다

해서 불성을 바탕으로 하는 새로운 문화의 여명기, 온 세상을 밝힐 등댓불로 다들 이 한반도에 대해 기대를 걸고 있습니다

대지를 쓴 대 문호 펄벅 여사께서는 우리나라에 와서 짐을 가득 실은 소달구지에

땀을 뻘뻘 흘리면서 짐을 나누어진 채 소를 모는 농부를 보고서나,

빈촌에서 배 주린 가난한 촌부들이 감나무에 까치밥을 남겨둔 채 감을 수확하는 광경을 보면서

자연과의 상생 특히 생명체들을 한 몸같이 아끼고 사랑하는 모습에 감격했었죠

인도성인 타고르께서는 우리나라가 동방의 등댓불이 된다고 진즉 예언했고

고승 탄허스님께서도 극동의 우리나라가 세계의 중심국이 된다고 예언했죠

최근 미 펜실베니아 대학 저명교수 샘 리처드께서도 줄

곧 한국을 주목하라네요

현실적으로도 그런 징조들을 많이 찾아볼 수 있습니다

불과 반세기 전만 해도 세계 최빈국 그룹에 속했던 우리가 세계 10위권

경제대국으로 성장했고, 첨단기술면에서도 선두를 달리고 있지 않나요?

문화나 문명의 첫 글자가 문(글자) 아닌가요?

세종대왕께서 창제하신 한글(우리글)이 세계에서 가장 우수한 글로 최근 선정되었고, 목하 k-pop, k-culture가 전 세계를 누비고 있답니다

현존 명승 문광스님께서는 우리나라 지리를 '선승 단좌형의 명당'이라시네요

"백두산은 한반도의 백회요 묘향산이 상단전 오대산은 중단전이고 낙동정맥이 좌선수행자의 척추인 바 선정에 들어 수승(水昇) 화강(火降) 잘 되면 낙동정맥과 백두산이 원만히 소통되어 긴 인욕의 세월을 마감하고 남북통일 가능하고 그 운세가 전 세계로 넘쳐흐른다"네요

우리나라가 세계 중심국가가 되어 전 세계를 불국정토로 이끌기 위해서는 남북통일이 필수과제입니다

제발 남북한 지도자들 화쟁 정신에 입각 나라의 미래와 후손들의 장래 나아가 세계평화를 위해서 하루속히 통일국가 이루고 그 밝은 빛으로 전 세계를 밝힐 수 있게 이끌어 주소서!

부처님께서는 우리들에게 이런 질문도 하셨죠?
'너희들은 서로 화목하고 다툼 없으며, 물과 우유처럼 서로 어울리고, 서로 사랑하고 서로 돌보며 사느냐' 고?

남과 북 동포들은 한 핏줄로 태어나 한반도에서 정신과 문화를 공유하며 살아 왔습니다
마땅히 말씀대로 물과 우유처럼 서로 어울리고 사랑하고 돌봐야 할 한 동포입니다
우리민족은 1945년 해방이후 통일된 정부를 수립하지 못하고 남과 북으로 갈리어 이념과 체제를 달리한 채 서로 반목하며 살아왔습니다
분단은 체제경쟁으로 이어지고 그 비용 또한 막대합니다
저희 불자들은 자성과 참회의 마음을 감출 수 없습니다
저희 불자들은 부처님 법을 좇아서 상호존중하고 상생하

는 평화로운 삶의 추구로 남북 갈등 해소와 통일을 위한 논리와 지혜를 열심히 개발해 가면서, 남북이 수천 년간 같은 말과 같은 문화 속에서 살아왔다는 동질성을 인식하고 서로 같음과 다름을 인정하면서 상대방과 마음을 하나로 모아 상생을 추구해야 합니다

진정한 통일은 마음의 본바탕인 일심(一心)과 합심(合心)에서 그 해법을 찾아야합니다

해서 합심의 마음문화를 만들어 남북갈등, 남남갈등, 계층갈등, 지역갈등을 해소하고 불국정토의 통일국가를 만드는 일에 매진할 것을 굳게 다짐합니다

부처님, 부처님!

지금 남북한을 둘러싼 국제정세는 한 세기반 전의 그때와 매우 유사합니다

제발 이 선량한 백성들이 또다시 그 참혹했던 역사를 되풀이하지 않고 한민족의 통합과 평화를 넘어 동북아의 평화와 세계평화에 기여 할 수 있도록 남북평화통일의 길을 열어주소서!

지금이 바로 불성바탕 문화의 여명기입니다 우리나라가 온 세계를 불국정토로 이끌 수 있는 절체절명의 기회입니다

부처님, 부처님! 삼가 엎드려 간절히, 간절히 비나이다

남북 간 평화통일 기필코 성취되도록 제발, 제발 이끌어주소서!

이 화창한 봄날에

여보게 갑돌이야 갑순아
어서들 일어나 남산으로 가자구나
으슥한 방구석에서 장난감 가지고
서로들 갖겠다고 다툼질만 하는고

그곳 반석 위 오르면
눈길 닿는 곳마다 활짝 핀 온갖 꽃들이요
만향(萬香)이 은은하게 그대들 콧속으로 스며들고
봄 산새들의 노래 소리 어우러져 귀 호강시켜 줄 텐데

어이하여 이 화창한 봄날
저 금쪽 같은 보배들 버려둔 채
이렇게도 음산하고 조그마한 방구석에서
하찮은 것들로 티격태격 다툼질만 하려는고

애처롭다, 호접난 분 하나

세상을 환히 밝히는
꽃 한 다발 피우기 위해
온몸을 저렇게 불사르다니

한 송이 두 송이 꽃 피우면서
금쪽 같은 기다란 잎새 밑에서부터
한 잎 두 잎 말리며 죽여 가고 있구나

사람도 아니고 동물도 아닌
한낱 고고한 식물일 뿐이건만
한 다발 어린 꽃을 피우기 위해
어머님의 희생 참으로 가이 없어라

난은 그래서 군자로 불리게 되나 보다

정다운 만남

흘러가는 세월 그 누구라서 감당하랴
소슬바람에 스며드는 고독감 어이 피할고
다정했던 옛 친구 만나 한 잔 술에 홍얼홍얼
그때 그 필름 되돌리면서 옛 추억 반추한다

등산길 만나는 수많은 목석들
어느 하나 정다웠던지 가물가물 하지만
인생길 함께 걸었던 허구 많은 사람들
생각만 해도 가슴 뿌듯해지면서 웃음 짓게 되는
얼른 한 번 만나 보고픈 사람 따로 있지 않더냐

그 사람 만나서 지금 한시름 나누다 보니
지나간 아름다웠던 추억들 새록새록 피어나면서
세상은 온통 진붉은 황혼 색이고 고달프던 내 삶도
연분홍 색 한 송이 아름다운 꽃으로 피어나는구나

봄 나비된 시어(詩語)들도 훨훨 춤을 추면서 주위를 맴
돈다

오늘따라 시간은 왜 이렇게도 빨리 가는지

* 오랜만에 박영대 회장을 만나 점심을 같이 하면서.

나의 귀향 꿈은 한낱 오기였을까?

―이문열 대문호의 탄식

흑호(黑虎)의 해 소서(小暑)날 한 조간신문
"귀향 꿈은 나의 오기였을까?"
우리 문단 한 거성의 울부짖음에 목이 메인다

그 뉘라서 고향을 그리워하지 않으리요
까치는 고향 쪽으로 뻗은 나뭇가지 위에 둥지를 틀고
연어도 저 멀리 거친 바다 돌고 돌아 고향 하천 귀환치요

사십 년 후 귀향을 목표로 정하고
지난 이십 년간 각고의 심혈 기울여 마련했던 그 터전
'광산문학연구소'가 하룻밤 새 잿더미로 변했단다

저 처절한 절규를 어찌 외면할 수 있으료만
우리 민담에 '불나면 살림 인다'는 말 전하면서
이는 필시 대경사의 전조인 상서로운 불로 믿고 싶다

여러 선지식님들 말씀 따르면
앞으로 21세기 우리 겨레가 열어간다고 하잖나요
흑호의 이 해가 그 운세의 첫 해 된다면 얼마나 좋을까

올해 노벨문학상 수상 나 혼자만의 소망일까요!

연리지의 정

정 없는 형제간 어데 있더냐
정 없는 남매간 어디 있으랴만
서로 갈라져 다른 길 살다보니
점점 옅어져간 거지

평생을 서로 부둥켜안고
네 가슴에 내가 있고
내 가슴에 네가 있음을
무시로 확인하며 살아가는 연리지의 정

참으로 돈독하고 아름다워라
그 정 무궁하도다
그 정 무진도 하여라

| 해설 |

진솔한 소통의 시학

진솔한 소통의 시학

—정용규의 시세계

정성수

(시인·한국문인협회 부이사장)

정용규의 시는 일단 난해하지 않다. 시의 기본적 특징이 은유와 상징이므로 어느 정도의 난해성은 있을 수 있으나 그렇다고 해서 적어도 시집 전체가 난해시 혹은 불가해시가 되어서는 안 될 것이다.

그의 시는 대부분 한국인이면 누구나 다 공감할 수 있는 보편적 정서와 표현에 의해 펼쳐지고 있으므로 일반 독자들로 하여금 특별한 이질감이나 거부감 없이 자연스럽게 작품 속으로 빨려들어가게 하는 그 나름의 따뜻한 호소력을 지니고 있다.

그는 우리 주변의 복잡다단한 세속적 현실을 탈피, 어느 정도 적절한 거리를 두고 생각하는 자로서의 여유로운 생을 노래하는가 하면 스쳐가는 자로서의 나그네 의식을 노래하고 일상적 소요를 떠난 원초적 자연의 순수함을 예찬하기도 한다.

허무와의 전쟁을 선포하는가하면 인간의 숙명적 고독, 혹은 의연한 불교정신을 노래하기도 한다. 때로는 지구인이 당면한 특별한 현실 중의 하나인 코로나19, 순국선열에 대한 고마움과 애도, 평화통일에 대한 기본적인 기대를 솔직담백하게 표현하기도 한다.

다음 시를 살펴보자.

총총걸음 앞서 달려가는 저 길손아

싱그러운 국향까지 폐부를 적셔오는데
그 걸음 잠시 멈춰 큰 숨 한 번 훌쩍 쉬고
쉬엄쉬엄 쉬어가면서 천천히 가자구나

언제 다시 올지 모르는 소풍 길 아니더냐

—「가을 나그네」 부분

저물어가는 생의 가을 속으로 동행하는 두 나그네, 다시 말하자면 이미 '귀밑머리 서리내린' 시적화자와 그의 재종간이다. 아름다운 산천, 아름다운 세상, 아름다운 생애를 거쳐 어디론가 마지막 가야 할 곳을 향해 두 나그네는 속절없이 '낙엽 밟으며' 걸어간다.

시적화자는 다시 말한다. '총총걸음 앞서가는 저 길손아'. 사라져가는 재종간의 앞길엔 이미 먼저 떠나간 나그네가 어디론가 '총총걸음'으로 '앞서가'고 있다.

'싱그러운 국향까지 폐부를 적셔오는데/ 그 걸음 잠시 멈춰 큰

숨 한 번 훌쩍 쉬고/ 쉬엄쉬엄 쉬어가면서 천천히 가자구나'

시적화자는 저승으로 가는 길, 국화 향기 그윽한데, 너무 서두르지 말고 가다가 멈춰서서 큰숨 한 번 쉬고 잠시 쉬어가면서 가자고 권한다. 세상에 태어날 때 서두르지 않고 오랫동안 어머니 뱃속에서 기다렸다가 태어났듯이 세상을 떠날 때도 그처럼 천천히 여유있게…!

그 이유를 시적화자는 이렇게 말한다. '언제 또 다시 올지 모르는 소풍길 아니더냐'. 하나의 생은 말하자면 언제 다시 올지 모르는 세상 소풍길, 굳이 서두르지 말고 쉬엄쉬엄 나그네처럼 가기로 하자.

다음 시를 읽어보자.

두리둥실 커다란 비눗방울 하나
거기엔 하늘이 얹혀있다
공원도 있고 강도 있다
그와 나 우리 모두 함께 있다

둥실둥실 두리둥실 잘도 떠오른다
너울너울 너울거리며 춤도 춘다
곱디고운 무지개도 떠 있다

헌데 어쩌랴 한 가닥 바람에
그만 사그라진다

오호 통재라!

모든 것들 다 함께 사라져버렸다

그 자리엔 하나 텅 빈 허공(虛空)만 떠 있다

—「비눗방울」 부분

한 어린이가 지구별 위에서 비누방울놀이를 한다. '두리뭉실 커다란 비눗방울 하나/ 거기엔 하늘이 얹혀있다/ 공원도 있고 강도 있다/ 그와 나 우리 모두 함께 있다'

비누방울 위엔 '하늘이 얹혀있고 그 속엔 여의도공원도 있고 서쪽으로 흘러가는 한강도 들어있다. 그뿐인가, '그와 나 우리 모두 함께 있다'. 여기서 중요한 것은 바로 다름 아닌 혼자가 아닌 '함께' 이다.

그와 나 따로따로가 아닌 함께 의식, 공동체의식, 동료의식의 힘. 그야말로 온 인류가 하나이다.

'헌데 어쩌랴 한 가닥 바람에/ 그만 사그라진다// 오호 통재라!/ 모든 것들 다 함께 사라져버렸다'

비눗방울은 순수한 어린이가 하늘에 띄운 아름다운 이상이다. 말하자면 인간의 멋진 꿈이다. 그 속에서는 모든 것이 아름다운 하나였다. 그러나 한 가닥 바람이 불자 그 아름다운 공동체는 손식간에 사라져버린다. 그 '한 가닥 바람' 은 하나의 전쟁일 수도 있고 하나의 전염병일 수도 있고 하나의 극심한 기근일 수도 있다.

'그 자리엔 하나 텅 빈 허공(虛空)만 떠 있다'. 모든 아름다운 것들이 사라진 곳엔 텅 빈 허공(虛空)만 떠 있다. 하나가 되는 인류의 꿈은 단지 허망한 이상인가, 새로운 혁명적 도전인가, 아닌가…?

다음 시를 살펴보자.

수명산 오르는 꼬부랑 언덕길 가
외로이 서 있는 한 그루 커다란 나목
북풍한설 몰아치는 이 차가운 날씨에
발가벗은 알몸 온갖 찬바람 다 맞으며 우뚝 서 있구나
(…중략…)
엄동이 제아무리 길다 해도 봄은 필연코 오는 법
어떤 간난에도 흐트러짐없이 꿋꿋이 잘 견디면서
하늘을 우러러 한 점 부끄러움 없이 여여히 지나노라면
꽃 피고 새잎 나는 봄, 아지랑이 너울타고 반드시 찾아오려니

—「언덕 위 한 그루 큰 나목」 부분

수명산 언덕길 위에 외롭게 서 있는 나목 한 그루, '북풍한설 몰아치는 이 차가운 날씨에/ 발가벗은 알몸 온갖 찬바람 다 맞으며 우뚝 서 있구나' 수많은 고통 속의 고독, 이것이 어디 한 그루 나목뿐이겠는가.

인간사 다 마찬가지이다. 더구나 우뚝 선 거목일수록 북풍한설 속에서 더욱 고독하다. 그러나 추위 속의 나목은 고고하다.

그에게 남아있는 건 위대한 희망. 어떤 간난에도 흐트러짐없이 꿋꿋이 잘 견디면서/ 하늘을 우러러 한 점 부끄러움 없이 여여히 지나노라면/ 꽃 피고 새잎 나는 봄, 아지랑이 너울타고 반드시 찾아오려니 하는 당당한 기대와 희망!

위대한 존재뿐만이 아니라 생래적으로 고독한 존재인 모든 대부분의 지구인들이 자신의 생애 속에서 기다리는 건 추운 지금보

다 더 나은 꽃 피고 새 우는 따뜻한 봄날이 아니겠느냐! 어느 누구에게나 따뜻한 봄은 기어이 오고야 만다.

다음 시를 살펴보자.

> 코로나19, 그대 투명망토 입은 하느님의 사자(使者)련가
>
> 이웃들이 병상에 들고 친구가 하늘나라로 사라질 때
> 그렇게나 두렵고 참으로 원망스러웠다네
>
> 시간이 흐르고 악몽에서 점차 깨어나면서
> 자리(自利) 탐욕 좇아 그토록 추구하던 부귀영화
> 한낱 부질없는 허상들이었음을 이제야 알게 된다네
>
> ―「코로나19의 조기귀환을 빌다」 부분

세계적 유행병인 코로나19에 대해 시적화자는 '그대 투명망토 입은 하느님의 사자(使者)련가' 라고 특별한 의미를 부여한다. 처음에는 '이웃들이 병상에 들고 친구가 하늘나라로 사라질 때/ 그렇게나 두렵고 참으로 원망스러웠다네'라고 표현했듯이 처음에는 그저 단순히 코로나19가 두렵고 원망스럽기만 했었다.

하지만 수많은 인간들이 '자리(自利) 탐욕 좇아 그토록 추구하던 부귀영화/ 한낱 부질없는 허상들이었음을 이제야 알게 된다네.'

즉 부귀영화에 대한 끝없는 탐욕 속에 빠져 개발이란 미명 아래 자연을 훼손하고 환경을 파괴하면서 공멸로 치닫는 것을 깨우치려고 하느님께서 보낸 사자가 바로 코로나19가 아니겠는가. 그것

은 바로 어리석은 일부 지구인들에게 보내는 하느님의 시퍼런 경고장이나 다름없다.

인간의 지구촌 자연 파괴, 환경과 생태계 파괴는 이미 잘 알려진 바대로 심각한 수준에 이르렀다. 자연 파괴를 통한 문명의 발달은 지구인들이 저지르는 일종의 자살행위나 다름없지 않은가!

죽음 앞에서는 부귀영화가 모두 다 허망하다는 것을 다시 한 번 깨닫게 해주는 숙연하고도 엄연한 현실적 순간, 코로나19가 던져주는 준엄한 교훈이 아니겠는가.

다음 시를 살펴보자.

부처님, 부처님!

지금 남북한을 둘러싼 국제정세는 한 세기반 전의 그때와 매우 유사합니다

제발 이 선량한 백성들이 또다시 그 참혹했던 역사를 되풀이하지 않고 한민족의 통합과 평화를 넘어 동북아의 평화와 세계 평화에 기여 할 수 있도록 남북평화통일의 길을 열어주소서!

지금이 바로 불성바탕 문화의 여명기입니다 우리나라가 온 세계를 불국정토로 이끌 수 있는 절체절명의 기회입니다

부처님, 부처님! 삼가 엎드려 간절히, 간절히 비나이다

남북 간 평화통일 기필코 성취되도록 제발, 제발 이끌어주소서!

—「평화통일 발원 시」 부분

미래의 어느 날, 남북 평화통일은 과연 자연스럽게 이루어질 것인가! 남과 북의 지도층이나 국민들이 다 함께 무력통일이 아닌 평화통일에 대한 간절한 꿈과 강렬한 의지를 지니고 있는가.

아니면 그냥 현상 유지인가. 현재로선 그 어느 쪽도 속단할 수 없다는 게 남과 북이 처한 어쩔 수 없는 현실적 상황이다.

시적화자는 그 누구 못지않은 평화통일 의지를 지니고 있다. 그 뜨거운 의지와 희망을 부처님에게 발원한다. '부처님, 부처님!/ …한 민족의 통합과 평화를 넘어 동북아의 평화와 세계평화에 기여할 수 있도록 남북평화통일의 길을 열어주소서! 지금이 바로 불성바탕 문화의 여명기입니다 우리나라가 온 세계를 불국정토로 이끌 수 있는 절체절명의 기회입니다// 부처님, 부처님! 삼가 엎드려 간절히, 간절히 비나이다// 남북 간 평화통일 기필코 성취되도록 제발, 제발 이끌어주소서!'

시적화자의 뜨거운 열망이 멋진 현실이 되기를, 남북이 하나가 되어 전세계를 힘차게 이끌어나가게 되기를…! 그러나 유감스럽게도 남북의 미래는 그 누구도 알 수 없는 미완의 장이다.

다음 시를 살펴보자.

그래 오늘 밤은 이대로 일어나
새날이 밝아오기 전까지
불전에 고요히 엎드려
저 은은한 풍경소리에 안겨
지은 죄업 소멸도 빌고
앞날의 소원성취도 빌면서

이 한 밤 온통 지새워볼까나

—「풍경소리」 부분

산 속 사찰 기와지붕 아래서 사방으로 울려 퍼지는 풍경소리…! 그것은 갑자기 속세인들의 아득한 불심을 난타하는 깨우침의 소리이기도 하다. 무언가 자신을 생각하고 느끼고 마음을 가다듬게 하는 깊고 은밀한 사찰의 소리…!

시적화자는 자신의 흐트러진 마음을 다잡는다. '그래 오늘 밤은 이대로 일어나/ 새날이 밝아오기 전까지/ 불전에 고요히 엎드려/ 저 은은한 풍경소리에 안겨/ 지은 죄업 소멸도 빌고/ 앞날의 소원성취도 빌면서/ 이 한 밤 온통 지새워볼까나' 라고.

그동안 지은 죄의 소멸을 빌고 앞날의 소원성취도 함께 빌면서 새벽까지 기도로 밤을 꼬박 새울 생각도 해본다. 자신의 잘못을 돌아보고 후회하고 생각하는 그 마음가짐 자체가 이미 지은 죄의 소멸을 가져오고 소원성취에 대한 기대가 미래에 대한 희망과 꿈을 자연스럽게 키워주게 될 것이다. 기도하는 마음은 그 무엇보다도 아름답고 성스러운 것이므로.

다음 시를 살펴보자.

때때로 열리는 연등행사면 온 하늘 뒤덮는
수많은 연등들 등걸이 되어 온 하늘 가리는
화려하고 찬란한 연등 천장도 만들어주곤 했지

전생에 못 이룬 불심 그 한 얼마나 깊게 맺혔으면
허구 많은 저 신도들 다 맞으며 반 천년 기나긴 세월

불전에서만 한 자리 굳게 지키면서 저리도 향불 마음 불태우는고

아~아 장하도다 그대 모습
저 천년고찰의 거룩한 수문장이시여

간밤 몽중 신도들께 천수(千手) 흔들던 수문장 보살님이시여 !
―「조계사 뜰앞 우뚝 선 회화나무」 부분

조계사 뜨락에서 고풍스러운 사찰과 함께, 부처님과 함께, 불신도들과 함께 기도하고 서 있는 정정한 고목 회화나무, '때때로 열리는 연등행사면 온 하늘 뒤덮는/ 그 수많은 연등들 등걸이 되어 온 하늘 가리는/ 화려하고 찬란한 연등 천장도 만들어주곤 했지'. 수많은 연등이 회화나무 가지와 함께 조계사 하늘을 가려버릴 정도. 그 연등 속에는 불자들의 저마다의 소망과 꿈과 열망이 오롯이 깃들어있을 것이다.

'전생에 못 이룬 불심 그 한 얼마나 깊게 맺혔으면/ 허구많은 저 신도들 다 맞으며 반 천년 기나긴 세월/ 불전에서만 한 자리 굳게 지키면서 저리도 향불 마음 불태우는고'

전생에서 못 이룬 불심, 그 한이 깊어 회화나무는 대웅전 부처님 앞에서 전국에서 몰려오는 여러 신도들을 맞으며 거의 반 천년 동안이나 말없이 뜨거운 불심을 불태우고 있다. 이 어찌 그 앞에서 옷깃을 여밀 정도로 성스러운 일이 아니겠나…!

나무를 통해서 끝없는 불심을 노래했지만 너무나도 당연하게 지구인의 희망과 꿈, 욕망과 기원은 사실상 생각처럼 쉽게 이루어

지지 않는 것을, 어쩌면 인간은 불안한 현재적 존재가 아니라 완전한 꿈을 먹고 사는 미래지향적 존재인 것을…!

다음 시를 살펴보자.

여보게 갑돌이야 갑순아
어서들 일어나 남산으로 가자구나
으슥한 방구석에서 장난감 가지고
서로들 갖겠다고 다툼질만 하는고

그곳 반석 위 오르면
눈길 닿는 곳마다 활짝 핀 온갖 꽃들이요
만향(萬香)이 은은하게 그대들 콧속으로 스며들고
봄 산새들의 노래 소리 어우러져 귀 호강시켜 줄 텐데

어이하여 이 화창한 봄날
저 금쪽 같은 보배들 버려둔 채
이렇게도 음산하고 조그마한 방구석에서
하찮은 것들로 티격태격 다툼질만 하려는고

—「이 화창한 봄날에」 전문

여기서의 갑돌이와 갑순이는 실제의 한 남자와 한 여자가 아니라 젊은이들 전체를 상징적으로 지칭하는 것.

'여보게 갑돌이야 갑순아/ 어서들 일어나 남산으로 가자꾸나/ 으슥한 방구석에서 장난감 가지고/ 서로들 갖겠다고 다툼질만 하는고'.

시적화자는 저 높고 넓은 남산으로 가서 대자연의 아름다운 풍광을 누리지 않고 좁은 골방에서 장난감 다툼이나 하는 식의 젊은 이들의 속 좁은 행태를 걱정한다. 거기다가 '그곳 반석 위 오르면 / 눈길 닿는 곳마다 활짝 핀 온갖 꽃들이요/ 만향(萬香)이 은은하게 그대들 콧속으로 스며들고/ 봄 산새들의 노래 소리 어우러져 귀 호강시켜 줄 텐데'라고 매우 안타까워한다.

따뜻한 남산에 올라 온갖 꽃향내와 새소리에 육신을 열어놓은 채 자신에게 주어진 생을 멋지고 즐겁게 구가하지 않고 '이렇게도 음산하고 조그마한 방구석에서/ 하찮은 것들로 티격태격 다툼질만 하려는고'라고 짐짓 나무라고 한탄을 한다.

시적화자는 시 속에서 이렇게 말없이 소리친다 '젊은이여, 야망을 가져라!'

정용규 시집_ 가을 나그네

초판 인쇄 | 2022년 8월 15일
초판 발행 | 2022년 8월 20일

지 은 이 | 정용규
발 행 인 | 이광복
편집국장 | 김밝은

펴낸곳 | 사단법인 한국문인협회 月刊文學 출판부
주소 | 서울시 양천구 목동서로 225 대한민국예술인센터 1017호
전화 | 02-744-8046～7
팩스 | 02-743-5174
이메일 | klwa95@hanmail.net
등록 | 2011년 3월 11일 제2011-000081호
ISBN 978-89-6138-484-1 03810

값 10,000원